PLAIDOYER

POUR

L'AMI DE LA CHARTE,

JOURNAL DU PUY-DE-DOME,

PRONONCÉ

PAR Mᵉ VAISSIÈRE,

DEVANT LE TRIBUNAL DE POLICE CORRECTIONNELLE
DE CLERMONT-FERRAND.

~~~~~~~~~~~~~~~~~~~~~~~~~~~~~~~~

Se vend

Au profit de l'Éditeur responsable.

~~~~~~~~~~~~~~~~~~~~~~~~~~~~~~~~

CLERMONT,

DE L'IMPRIMERIE D'AUGUSTE VEYSSET,
LIBRAIRE, RUE DE LA TREILLE.

DÉCEMBRE 1824.

PLAIDOIERIE

DU MINISTÈRE PUBLIC.

M. Chateau-Dubreuil, Procureur du Roi, a porté
la parole en ces termes (1) :

MESSIEURS,

Avons-nous traduit à votre audience la licence ou la
liberté? Voilà la cause.

Mais par la liberté nous n'entendons pas cette liberté
rationnelle, qui, mobile comme la pensée, s'étend ou se
resserre au gré de chaque esprit; être idéal et fantastique,
dont la représentation réelle n'est et ne peut être nulle
part, et dont le fantôme sanglant décima et épouvanta
chez nous la génération qui s'écoule.

Pour le magistrat, il n'est d'autres libertés que celles
qui sont définies et réglées par les lois. Pour nous donc,
Messieurs, comme pour vous, faire ce que la loi ne défend pas, c'est liberté; aller au delà, c'est licence. Et
comme la licence d'un seul ne peut s'exercer qu'aux dépens de la liberté de tous, attaquer la licence c'est protéger la liberté.

Vous aurez à voir si, dans cette lutte, nous avons fait
monter la liberté à côté de nous, sur ce siége, pour la
défendre; ou si, par malheur, nous ne l'aurions pas fait
descendre à vos pieds, sur la sellette, pour la juger; mé-

---

(1) Un grand nombre de personnes nous ayant témoigné le désir
de connaître l'attaque en même temps que la défense, nous avons
cru devoir publier le Plaidoyer du ministère public, tel qu'il a été
retenu à l'audience. Nous avons vu, avec plaisir, que cette copie était
conforme à celle que M. le Procureur du Roi vient de faire imprimer.

prise qui serait, de notre part, bien involontaire , et qu'aurait produite notre horreur pour la licence, horreur qui ne peut se comparer qu'à notre respect pour la liberté!

C'est de ce point élevé qu'il faut considérer cette cause, d'une nature grave, d'un intérêt vivement senti, et qui sort entièrement du cercle habituel de nos méditations.

En effet, jusqu'ici, Messieurs, l'autorité que le Roi vous a confiée pour la répression des délits, n'avait trouvé matière à s'exercer que sur des faits dont la criminalité était, pour tous les yeux, d'une évidence matérielle, tant il y avait accord, sur ce point, entre la volonté de la loi et la conscience publique. Aussi la qualification du fait ne donnait jamais à vos esprits le moindre doute, ni à vos consciences la plus légère hésitation. Nos efforts et les vôtres s'attachaient uniquement à la recherche et à l'appréciation des charges qui pouvaient établir que le prévenu était ou non l'auteur du fait incriminé ; c'est-à-dire , qu'il était toujours certain qu'il y avait délit, et que la culpabilité du prévenu pouvait seule exciter nos débats, et provoquer vos délibérations.

Dans les affaires du genre de celle qui nous occupe , c'est précisément le travail inverse que vos esprits ont à faire. Le point capital ici, le nœud de la difficulté, la cause entière, reposent sur cette unique question : Y a-t-il ou non délit? car la reconnaissance par vous de l'existence du délit, entraînerait inévitablement celle de la culpabilité de l'auteur de l'écrit, ou du moins de l'auteur de sa publication.

Dans l'investigation de ce délit, qui peut avoir l'art de dissimuler sa nature par tous les prestiges du talent ; de ce délit qu'un mot seul peut contenir tout entier, et qui peut aussi se trouver comme répandu dans tout un volume; dans cet examen si délicat, et purement intellectuel, la raison du magistrat ne peut appeler aucun secours étranger, ni déverser le poids de sa responsabilité sur aucun témoignage garanti par la foi des sermens. La loi, sagement confiante, et dont pourtant nous serions tentés de maudire ici l'importune sagesse, le livre, comme sans pitié, à l'amerci de ses propres lumières.

Dans cette position, Messieurs, le magistrat doit être violemment tourmenté.

Il craindra qu'il ne subisse lui-même l'effet du charme produit par l'écrivain, et que , méconnaissant le poison trop habilement déguisé, il ne le laisse librement circuler, et ne se rende par là complice de ses ravages. Ou bien il craindra de se livrer à une interprétation trop sévère de termes ambigus ou mal choisis, échappés à l'inattention de l'esprit, plutôt qu'à la perversité de l'âme ; il craindra peut-être encore de céder, à son insçu, à nous ne savons quelle prévention, qui, dans de certaines circonstances, s'empare des têtes les plus fortes, comme des cœurs les plus droits, et qu'ainsi une illusion fatale ne lui fasse voir un délit là où la pensée la plus innocente croyait avoir déposé une expression innocente comme elle.

C'est avec la ferme résolution de faire tous nos efforts pour éviter ces écueils, que nous allons aborder la discussion de chacun des griefs qui ont motivé notre poursuite.

Ici, Messieurs, notre délicatesse n'aura point à redouter qu'on lui fasse le reproche de morceler à dessein les pensées de l'auteur, et de tordre ses mots pour en exprimer des crimes.

L'écrivain semble lui-même avoir pris soin de classer ses délits, et de les enfermer un à un dans de petits paragraphes détachés, où l'œil peut, sans effort, les démêler et les saisir.

Protectrice de nos premiers intérêts, la loi défend et réprime toute offense envers le Roi, toute attaque contre la dignité royale. Offenser le Roi, attaquer sa dignité, c'est blesser la société au cœur, c'est ébranler l'État ; c'est, en France, se prendre aux objets d'un culte public, d'un culte tout de respect et d'amour.

Le journal traduit devant vous, aurait-il osé se rendre coupable de cette espèce de profanation ?

Aujourd'hui, dit-il, *un homme franc prend les rênes de l'État.*

Un homme franc, un homme ! ..... Sachez, journaliste despectueux, sachez, puisqu'il faut vous l'apprendre, que, par sa position élevée au-dessus de toute autre position humaine, par son caractère inviolable et sacré, par son pouvoir tutélaire et suprême, et par les hommages qui lui sont dus, sachez que le monarque, en France, est quelque chose de plus qu'un homme, et mettez dans vos paroles plus de convenance et de mesure.

Un homme franc prend les rênes de l'État! Ne croirait-on pas, Messieurs, voir le premier venu allant s'asseoir sur le trône d'Henri IV et de Louis XIV, sur le trône de France? ne dirait-on pas que c'est le hasard qui l'y mène, et non la loi politique de l'Etat, la légitimité, qui l'y place.)

Il paraît que ce n'est pas dans *l'Ami de la Charte* qu'il faut aller chercher toute la pureté des principes monarchiques.

« Aujourd'hui un homme franc prend les rênes de » l'Etat; ses premiers actes sont au grand jour. Il dit : « Regardez-moi; je règne pour vous. Le peuple étonné » s'avance en hésitant. »

L'étonnement supposé du peuple à la voix du Monarque, qui lui dit qu'il règne pour lui, est calomnieux pour le peuple, comme il est offensant pour le Monarque. L'hésitation supposée du peuple en s'avançant vers le Roi, qui se montre à lui, est encore une offense envers le Roi, comme elle est une calomnie pour le peuple. Il y a donc ici loi violée, délit commis, peine encourue.

Notre susceptibilité est extrême sur tout ce qui touche à la personne du Roi. Il ne faut qu'être Français pour s'indigner et s'offenser soi-même du moindre mot d'injure adressé à Charles X, le père tendre, l'ami vrai de son peuple.

Le Roi mort n'est pas plus que le Roi vivant à l'abri des outrages de l'audacieux journaliste.

A l'occasion d'une lutte par lui criminellement inventée, et dans laquelle il suppose que Mgr l'archevêque de Paris, et nous ne savons quel autre combattant, se disputent le corps du Roi, l'auteur s'écrie : « *Nouveaux* » *Troyens, ils prétendaient au corps d'Achille.* » Ne serait-ce pas là, Messieurs, le trait d'une ironie sanglante, enfoncé dans le cadavre de Louis, non encore refroidi, et gisant dans son propre palais? Cette idée dégoûtante d'un fiel injurieux, nous la livrons à vos consciences.

L'auteur poursuit.

« Au surplus, la Babylone moderne est toujours ca- » pitale en fait de frivolité. Parcourez les rues, et partout » les vêtemens de deuil frapperont votre vue. Tout en » approuvant la sincérité des regrets qu'une mort récente » a pu occasionner dans les âmes honnêtes, il est permis » de ne voir dans le faste du deuil de beaucoup d'autres, » qu'intérêt personnel et vanité. Marchands, employés,

» salariés, espions, courtisans, femmes coquettes,
» femmes perdues, tous sont en deuil par ton ou par
» espoir de profit. »

Ces lignes écrites par un Français, auprès du cercueil
non encore fermé d'un roi de France, restaurateur de
la monarchie, fondateur de nos libertés ; ces lignes sont
d'une inconvenance que tout œil peut voir, que toute
âme doit sentir.

« Étrange population! s'écrie enfin le distributeur d'in-
» sultes ; étrange population qui a fait la journée des
» barricades, s'est promenée processionnellement en
» chemise sous la ligue, a fêté la fédération, a dansé
» avec les Tartares en 1814, et se couvre d'un crêpe
» en 1824 ! »

Voilà, Messieurs, dans le trait acéré qui termine ce
tableau, voilà le deuil de notre Roi déclaré folie, et
folie comparable aux plus mémorables de celles qu'aient
jamais enfantées nos dissensions civiles.

Il y a là, selon nous, attaque à la dignité royale ;

Il y a donc encore ici loi violée, délit commis, peine
encourue.

Nous releverons, en passant, l'odieux que le journal
voudrait jeter sur les danses parisiennes en 1814.

Vous savez que les Parisiens, partageant l'ivresse de
tous les Français, au retour de nos rois, se livrèrent,
à cette heureuse époque, dans le jardin même des Tuileries, à des danses joyeuses avec les soldats des puissances
alliées, auxquelles, après Dieu, nous devions ce bonheur.
Cette joie, l'auteur de l'article ne la comprend pas, elle
est pour lui comme une espèce de folie. Serait-il (cet
auteur) un de ces hommes à répugnance pour les Bour-
bons? préférerait-il à leur paternelle domination la terreur
de l'anarchie, ou l'esclavage de l'empire?

Quoiqu'il en soit, nous sommes avertis que ce n'est
pas dans l'*Ami de la Charte* qu'il faut aller chercher l'expression des sentimens français.

Messieurs, la loi défend et réprime toute excitation à
la haine ou au mépris du gouvernement du Roi, sans
néanmoins porter atteinte au droit de discussion et de
censure des actes des ministres.

Nous touchons ici à une question neuve et délicate.

Et d'abord qu'entend la loi par *Gouvernement du Roi*?

Cette expression, nous devons le dire, est peut-être un

peu vague, surtout dans une loi pénale, où la précision et la clarté des termes ne doivent permettre au juge aucune interprétation ; parce qu'il faut que ce soit toujours la loi, et jamais le juge, qui punisse. En matière criminelle, le magistrat ne peut qu'appliquer la loi, s'il l'interprète, il la fait, et quand le pouvoir qui fait la loi est encore celui qui l'applique, il n'y a plus sûreté pour les citoyens, il y a danger pour l'Etat.

Dans la langue des publicistes le mot *gouvernement* exprime la constitution politique d'un peuple. C'est dans ce sens que l'on dit : Tel peuple a un *gouvernement populaire* ; tel autre un *gouvernemeet monarchique* ; que l'on dit encore : Cette monarchie a passé du *gouvernement absolu au gouvernement représentatif.*

Il est clair que ce sens ne peut être celui de la loi, dont, malheureusement, la discussion nous occupe.

Nous pensons que cette expresssion, *le gouvernement du Roi*, ne veut pas désigner non plus le conseil des ministres ; parce qu'on ne peut dire rigoureusement que quand le Roi change ses ministres, il change son *gouvernement*. Cette synonymie ne peut d'ailleurs se supposer, sans entraîner la loi elle-même dans une sorte de contradiction ; car la loi, d'accord avec le principe de nos institutions, permettant la censure des actes des ministres, il y aurait à elle quelque inconséquence à défendre en même temps qu'on excitât contre eux, jusqu'à un certain point, la haine ou le mépris, puisque la nature de leurs actes peut être telle, que la censure ne puisse s'en faire, sans provoquer contre eux l'un ou l'autre de ces deux sentimens.

Ces mots, *le gouvernement du Roi*, nous semblent plutôt signifier la manière même dont le Roi gouverne, l'action personnelle du Roi, son influence directe sur la conduite générale du royaume ; encore la responsabilité des ministres, qui, dans notre système politique, s'attache presque à tout, peut-elle rendre ce sens même de la loi d'une embarrassante application. L'imperfection de notre langue politique tient à la nouveauté de nos institutions ; mieux comprises, elles donneront plus de rectitude à la langue.

Voyons maintenant si *l'Ami de la Charte* a violé la loi, ainsi sainement entendue.

« Presque tous les ministres qui se sont succédés depuis » dix ans n'ont eu qu'une pensée, celle de tromper, de

» faire prendre le change sur les véritables intérêts et les
» véritables besoins de la nation. Ils n'y sont point par-
» venus; ils ont torturé, comprimé; ils se sont enrichis
» eux et leurs amis; mais la masse éblouissante des lumiè-
» res n'a pu être obscurcie : elle a pénétré à travers les
» crevasses, et a fini par inonder cet antre ministériel,
» cloaque d'abus et de passions sordides.

» Un ministère détesté, une opinion éclairée et sou-
» veraine, quoique comprimée; un Roi dont les premiers
» actes sont empreints de franchise et de modération; un
» peuple confiant et plein d'espérance, quoique toujours
» trompé ou avili; voilà, en peu de mots, l'état moral
» des choses d'aujourd'hui.

» Mais, si de ces considérations générales on descend
» aux détails, l'esprit est attristé, l'espérance peut à peine
» se soutenir, l'aspect du mal affaisse l'âme. Il semble
» qu'un génie surnaturel pourrait seul ordonner ce cahos,
» mettre fin à ce pillage, rencogner ces solliciteurs, rendre
» ces consciences vénales à elles-mêmes, faire regorger
» ces sangsues, démasquer ces hypocrites, abaisser l'or-
» gueil de ces fiers patriciens, donner de l'énergie à cette
» population.

» Il est des temps où l'on recherche, avec une avide
» curiosité, à connaître les projets et les vues du gouver-
» nement, les anecdotes et les intrigues du jour; ces temps
» sont ceux où le peuple est admis, en quelque sorte, à
» donner sa voix dans les mesures dont il est l'objet; ces
» temps sont loin de nous dans le passé comme dans l'a-
» venir; le peuple ne compte plus; la nation est à l'hôtel
» de la rue Neuve-des-Petits-Champs; elle sera à l'hôtel
» de Rivoli lorsqu'il plaira à un puissant personnage d'y
» résider. Le peuple, ainsi mis à la remorque, est par-
» faitement nul; quelques citoyens seuls sont debout; mais
» ils ne voient que ce qu'on veut leur permettre de voir.
» Ils savent bien que, sur plusieurs points, les faiseurs en
» manteaux, en simarres, en surplis, et même en chapeaux
» rabattus, s'agitent, négocient, débitent et vendent des
» consciences qui valent de l'or à force de ne rien valoir;
» mais ils ne peuvent en savoir plus. »

Ne verrez-vous, Messieurs, dans tous ces passages,
que la discussion et la censure, même vive, des actes des
ministres? Mais pas un acte ministériel n'y est traduit à
l'opinion publique; mais c'est un torrent d'injures, aussi

inconvenantes pour la forme que calomnieuses pour le fond; mais le peuple y est représenté *avili*, et l'avilissement du peuple accuse l'influence même de la volonté personnelle du Roi; mais le peuple y est encore représenté comme *mis à la remorque et ne comptant plus*; et cette déclamation mensongère attaque la direction même du pouvoir souverain. Mais dire qu'aujourd'hui, en France, *l'espérance peut à peine se soutenir, et que l'aspect du mal affaisse l'âme*, c'est porter ses coups plus haut que la poitrine vulnérable des ministres; c'est élever le mépris et la haine jusqu'à l'action même du pouvoir royal. Mais peindre *la France comme un cahos qu'un génie surnaturel pourrait seul ordonner*, c'est évidemment frapper de honte et de discrédit son directeur suprême.

Si la loi qui punit l'excitation à la haine ou au mépris du gouvernement du Roi n'est pas applicable ici, nous ne saurions imaginer un cas où son application fût possible.

Il y a donc encore ici loi violée, délit commis, peine encourue.

La loi défend et punit l'outrage envers tout ministre de la religion de l'Etat;

Et voici comment s'exprime notre journaliste:

« Au milieu de ces graves circonstances, la discorde
» en débauches a, pour se distraire un peu, secoué ses
» torches sur le clergé parisien, quelques scènes comiques
» sont venues dérider les visages. Dans une des derniè-
» res cérémonies, d'antiques priviléges ont été invoqués,
» des questions de préséance ont été agitées, et l'arche-
» vêque s'est retiré dans sa tente avec les siens. Quel-
» ques jours avant, une résidence auguste avoit failli de-
» venir le théâtre des hauts faits du même personnage et
» de sa milice sacrée; leurs armes étaient des croix, des
» bannières et des goupillons. Nouveaux Troyens, ils
» prétendaient au corps d'Achille: heureusement que,
» dans ce risible combat, il n'y a eu de répandu que de
» l'eau bénite. »

Cette scène toute entière de l'imagination de l'écrivain, se renferme-t-elle dans les bornes d'une simple plaisanterie finement railleuse, ou va-t-elle jusqu'à l'outrage? Supposer qu'un archevêque, dans le ressort de sa juridiction, revêtu des ornemens de sa dignité, venu dans le palais de nos rois pour y répandre l'eau sainte sur les dépouilles mortelles du Souverain; supposer que, dans ce

lieu et dans ce moment, ce prélat ait failli provoquer une
lutte d'un effet si scandaleux et d'une nature si étrange,
ce n'est plus, Messieurs, railler avec art, c'est outrager
avec violence. Dira-t-on que nous donnons à cette fable
une couleur trop sérieuse ; que ce n'est, au fond, qu'un
jeu d'esprit ? Jeu d'esprit, nous le voulons ; mais si ce jeu
est outrageant pour un ministre de la religion de l'Etat, la
loi le condamne ; c'est un délit.

Il y a donc encore ici loi violée, délit commis, peine
encourue.

La loi, Messieurs, punit aujourd'hui l'écrivain qui cherche à troubler la paix publique, en excitant le mépris ou
la haine des citoyens contre une ou plusieurs classes de
personnes.

Jusqu'en 1822, la loi s'était contentée de mettre sous la
sauve-garde de la justice la sécurité et l'honneur de chaque
individu pris isolément ; sa prévoyance n'était pas allée jusqu'à couvrir de la même protection l'honneur et la sécurité des citoyens pris collectivement, et considérés dans la
classe de la société, à laquelle ils appartiennent par l'effet,
soit de leur naissance, soit de la fortune, soit de leur propre volonté. Des professions, des corps, des populations
entières, pouvaient être impunément diffamés, impunément livrés chaque jour au mépris public ; et cependant
tout cœur français se soulève à l'idée du mépris ; et cependant la classe la plus obscure, comme la plus élevée, re-
vendique l'honneur comme son patrimoine ; l'échoppe de
l'artisan le réclame comme le siége du magistrat, comme
le fauteuil du noble pair. Cette susceptibilité toute française voulait donc que les classes aussi fussent protégées
contre le mépris. Un intérêt plus pressant, celui de la paix
publique, demandait qu'elles fussent encore protégées
contre la haine. Une expérience cruelle et récente avait
montré tout le danger qu'il y avait pour l'état de laisser
insensiblement l'opinion s'envenimer et s'aigrir contre
quelques classes de la société. Cette expérience avait ap-
pris que de simples soupçons, d'abord comme inconsidé-
rément semés, devenaient bientôt d'ardentes jalousies, se
transformaient ensuite en implacables haines, et ame-
naient enfin des proscriptions sanglantes, et tous les
malheurs de la guerre civile. Le repos de l'état demandait
donc impérieusement à la loi protection pour les classes,
et enfin la loi a rassuré ce grand intérêt social.

Le journal assigné aurait-il encore franchi cette barrière?

« L'aristocratie (dit-il)? elle a fait sous le dernier règne
» des progrès effrayans. »

Mais où sont donc les prérogatives nouvelles, les droits
nouveaux donnés, depuis la Charte, à la noblesse? La
frayeur purement gratuite de l'écrivain ne veut qu'exciter
la haine.

« *L'aristocratie*, dit-il encore, ne voit dans l'état que
» seigneuries. »

C'est-à-dire, Messieurs, que la noblesse, méditant la
ruine de nos nouvelles institutions, brûle de ressaisir
parmi nous toute son ancienne suprématie individuelle et
sociale ; qu'elle ne voit, dans les autres Français, que des
vassaux qu'elle veut encore attacher à sa glèbe, et sur le
front desquels elle prétend replacer son joug injurieux. Le
journaliste sait bien que tous ces droits seigneuriaux, que
le temps a réduits en poussière, sont ensevelis pour jamais
sous les décombres de notre ancienne monarchie. Mais il
veut, à tout prix, réveiller d'anciennes jalousies, exciter
mille haines contre ces nobles que leurs malheurs, au
moins, devraient lui faire respecter. Il veut ruer contre
eux toutes les autres classes, et souffler ainsi sur sa patrie
de nouvelles tempêtes.

Poursuivons:

« Le clergé? Il est ce qu'il a toujours été ; il se regarde
» comme le gouvernement spirituel de l'Etat, et comme
» infiniment au-dessus du temporel. Il a sa milice et les
» consciences : il est dans la voie des envahissemens ;
» qu'on le laisse faire, il grandira. » Et plus bas : « Les
» faiseurs en surplis débitent et vendent des consciences
» qui valent de l'or à force de ne rien valoir. »

Dire que les prêtres ont toutes les consciences, et qu'ils
en font un odieux brocantage, c'est inquiéter la morale
publique, du côté même d'où lui doit venir toute confiance ; c'est tenter d'avilir un ministère auguste ; c'est faire
remonter le crime où nous plaçons la source des vertus ;
c'est enfin bien évidemment diffamer, calomnier le clergé,
et soulever contre lui un mépris universel.

Le journaliste a donc cherché à troubler la paix publique, en excitant la haine contre la noblesse et le mépris
contre le clergé.

Il y a donc encore ici loi violée, délit commis, peine
encourue.

Enfin, Messieurs, vous parlerons-nous de ce que l'écrivain dit de l'armée?

« On lui a fait une réputation dont elle n'avait pas be-
» soin, composée comme elle l'est, d'anciens militaires
» qui avaient déjà fait leurs preuves. La gloire est d'ail-
» leurs une triste chose aujourd'hui : la raison et la liberté
» valent mieux ; puissent-elles forcer la consigne ! »

La gloire est une triste chose aujourd'hui! Et pourquoi?
seroit-ce parce qu'aujourd'hui la gloire ne veut s'om-
brager d'aucun autre panache que du panache blanc?
serait-ce parce qu'aujourd'hui la gloire se plaît non plus
à renverser, mais à relever les trônes, et court atteindre
ce noble but, sur les traces d'un prince, digne petit-fils
d'Henri IV, d'un prince, heureux libérateur des rois,
heureux pacificateur des peuples? *La gloire est une triste
chose aujourd'hui!* Et pourquoi? serait-ce parce qu'aujourd'hui plus humaine et plus sage, la gloire met dans ses
courses guerrières toute la discipline sévère de la paix,
respecte et ménage le sol ennemi, comme elle ferait du
sol de la patrie; sent, même au fort des combats, ses en-
trailles émues, et ne veut, au lieu de lauriers teints de
sang, que des lauriers sans tache, d'autant plus doux pour
elle, d'autant plus beaux pour les vainqueurs, qu'ils sont
arrosés de larmes d'admiration et de joie par les vaincus?

*La raison et la liberté valent mieux ; puissent-elles for-
cer la consigne!*

Si c'est la *consigne* de l'armée, dont l'auteur veut parler,
il y a de sa part provocation directe à la révolte; provocation, qui, sur nos rives de l'Allier, serait repoussée
par l'honneur français, comme elle a été foudroyée par
le même honneur sur les bords de la *Bidassoa.* Mais si
l'écrivain exprime seulement le désir de voir la raison et
la liberté forcer elles-mêmes la *consigne,* qu'il suppose les
retenir captives, ce n'est là qu'un reproche injuste fait à
l'administration publique, reproche blâmable à la vérité, mais qui pourtant échappe à l'application de notre
loi pénale. Il y a doute, dès lors, sur la criminalité de la
pensée; et dans le doute, il faut absoudre même *l'Ami
de la Charte.*

Ici se termine enfin, Messieurs, la discussion des faits
incriminés.

C'est avec l'esprit abattu et le cœur péniblement affecté,
que nous avons parcouru cette dégoûtante nomenclature.

Ce journaliste criminel ! nous l'avons surpris offensant
le Roi, attaquant sa dignité, flétrissant son gouvernement,
outrageant l'homme de Dieu, ameutant les haines contre
deux classes de personnes, et soufflant dans toutes le feu
de la discorde. Nous préserve le ciel que jamais son pouvoir égale sa malice !

Et qu'on ne vienne pas nous dire que nous donnons ici
trop d'importance à quelques mots échappés à un obscur
journaliste, à quelques mots qui, après avoir fait un peu
de bruit, iront se perdre dans un éternel silence. Esprits
étroits et superficiels, toutes les paroles ne se perdent pas :
des mots échappés à un moine, ont fait jadis révolution
dans l'Eglise ; des mots échappés naguère à quelques no-
vateurs, ont fait chez nous révolution dans l'Etat. L'intelligence de l'homme vit d'idées comme son corps vit de
pain ; et si la loi sage surveille les manipulateurs des subs-
tances vénéneuses, et punit de mort l'empoisonnement
de la vie du corps, il faut des lois fortes, il faut des magistrats sévères, pour surveiller les mains qui préparent l'ali-
ment délicat dont se nourrit l'intelligence.

Les délits de la presse, graves par leurs effets, peuvent
le devenir encore par les circonstances au milieu des-
quelles ils frappent la société.

Messieurs, c'est au moment où, de toutes parts, la joie
brille et l'espérance circule ; c'est au moment où le nouveau Roi, par tout ce que la bonté a de plus entraînant,
par tout ce que le cœur a de plus tendre, rallie délicieuse-
ment à lui tous les esprits et tous les cœurs, et opère entre
eux, par là même, un heureux rapprochement, gage pré-
cieux de la paix publique ; c'est au milieu de ce concert de
bénédictions et d'amour ; au milieu de ce mouvement général des esprits, qui se cherchent pour s'entendre ; de ce
mouvement général des cœurs, qui se cherchent pour s'entr'aimer ; c'est dans ce moment que *l'Ami de la Charte*,
nouveau démon, qu'afflige le spectacle du bonheur de son
pays, se dresse comme un serpent, aiguise son petit dard,
jette sa goutte de venin sur des objets sacrés, pousse un
sifflement maigre et discordant, et s'efforce autant qu'il
est en lui, d'arrêter l'élan de la joie publique, et de faire
obstacle à la réconciliation générale.

Nous voulons en croire nos pressentimens : le miséra-
ble sera puni !

PLAIDOYER

PRONONCÉ

PAR Mᵉ VAISSIÈRE.

——

MESSIEURS,

JE n'aurais pas choisi pour mon début la cause que je vais avoir l'honneur de plaider devant vous; mais revêtu de la confiance du principal prévenu, à qui m'unissent les liens du sang et ceux d'une amitié non moins sacrée, je n'ai pu, malgré ma répugnance, reculer devant ce qui m'a paru un devoir, à ce double titre. Sans doute, il eut été facile à mon client de trouver dans cet honorable barreau, où je viens à peine d'être admis, plusieurs légistes

2

plus savants, plusieurs orateurs plus habiles et plus exercés qui, en donnant un nouvel éclat à la défense, n'auraient point éprouvé l'inquiétude que m'inspire l'appareil de cette audience, et la présence de ce nombreux auditoire, accouru pour écouter la première accusation de cette nature, qui ait encore retenti dans cette enceinte. J'ai peine à trouver l'assurance que réclame l'intérêt de mon client, malgré la certitude qui m'est acquise de l'indulgente attention que vous accordez toujours à la défense, alors surtout que c'est à un orateur sans expérience qu'elle est confiée; je tremble, Messieurs, et ce n'est point, je vous prie d'en être persuadés, ce n'est point par l'effet d'un vain amour propre, ce n'est point la crainte de mal dire qui m'agite en ce moment, mais celle de ne pas dire tout ce qui est essentiel à la cause de celui que je défends; toutefois une double considération me rassure.

Je suis entouré de confrères, non moins distingués par leurs talens que par l'élévation de leur caractère; et l'intérêt qu'ils portent à la cause et au débutant, raffermit ma timide inexpérience.

Je parle à des magistrats accoutumés à porter dans les affaires une étendue et une rectitude de vues qui peuvent suppléer à l'insuffisance de l'orateur, et si quelque moyen important échappait à ce dernier, il n'échappera point, j'en suis certain, à votre sagacité.

Comme sous l'empire de la loi de 1819, nous

n'avons point été admis à être jugés par nos pairs, et à exercer les récusations que la loi du jury autorise. Malgré l'opinion qui nous est particulière de l'excellence de cette institution étendue aux délits de la presse, ce n'est point en présence de juges aussi éclairés et aussi impartiaux, que nous aurons à regretter l'abrogation de cette loi tutélaire sur la matière qui nous occupe.

Où trouver un juré plus désireux de connaître la vérité et plus capable de la découvrir que le vénérable magistrat qui préside ce tribunal, et qui a soigneusement conservé toutes les traditions des vertus dont s'est réhaussé l'éclat de l'ancienne magistrature ? Profond savoir sans affectation, gravité sans faste, piété sévère pour soi-même, douce et tolérante pour autrui, telles sont les qualités que l'on se plaît à reconnaître dans ce digne interprète de la justice, plus spécialement chargé de veiller à la conservation des bonnes mœurs, et au maintien de l'ordre public.

Quelles garanties plus certaines de justice et d'indépendance pourraient nous présenter les citoyens les plus recommandables élus par la voie du sort, que les juges présens à ces débats et qui à une instruction variée allient la froide impassibilité, première vertu du magistrat dans toutes les discussions soumises à sa conscience, et principalement dans celles qui touchent à des questions politiques.

2 *

Naguère encore, Messieurs, la magistrature française a donné de nouvelles et éclatantes preuves de son inaltérable attachement aux libertés publiques, établies par l'auguste auteur de la Charte ; naguère, des accusations nombreuses ont été intentées à différens organes des oppositions, qui se sont élevées contre le ministère. Vous connaissez les résultats de ces accusations ; vos collégues en ont fait justice et la propriété et l'existence des journaux ont reçu d'inviolables garanties. Je n'ai pas besoin, Messieurs, de vous énumérer ces absolutions qu'une plume qui, sans doute, n'est pas française, a osé qualifier d'*inexplicables*, à moins qu'elle ne procédât de la même main qui avait tracé le fameux considérant de l'ordonnance de censure. Par ces absolutions, dont la sincérité vous est suffisamment expliquée, la magistrature a dissipé entièrement les préventions et les calomnies, dont ses détracteurs avaient voulu la flétrir dans l'opinion publique, en la représentant comme exclusivement dévouée au pouvoir, et indifférente au sort de nos libertés. Le solennel démenti qu'elle a donné dans plusieurs circonstances, à ces fausses assertions, ne laisse plus à ses ennemis la ressource du mensonge et de la perfidie.

Comme autrefois, aux siècles des Molé, des Pasquier, des Daguesseau et des Lamoignon, tout magistrat sait ce qu'il doit au souverain et au pays, et il ne sépare jamais les droits de l'un des prérogatives de l'autre.

Avant d'entrer plus spécialement en matière, je crois devoir, dans l'intérêt de la défense, reproduire ici quelques explications qui ont déjà été données dans le journal *l'Ami de la Charte*, sur l'insertion de l'article incriminé. Il résulte de ces explications, que le rédacteur ordinaire, et à peu près unique des matières politiques, était absent pour des motifs très-légitimes, dont je puis, mieux que personne, vous garantir l'authenticité. Mais, dira-t-on, en supposant que l'article soit répréhensible, l'absence du rédacteur principal n'est point une excuse, car que ne chargeait-il une ou plusieurs personnes de veiller à l'insertion et à la distribution des matières? Messieurs, la censure venait à peine d'être établie à l'époque de son départ, pouvait-il prévoir qu'elle aurait une aussi courte durée? pouvait-il prévoir le malheur dont la France gémit encore, et l'heureux avénement qui l'a consolée? Mais pourquoi aussitôt après la révocation de l'ordonnance de censure, ne s'est-il pas empressé de venir reprendre la direction du Journal? C'est ce qu'il a fait aussi; mais l'éloignement et les retards occasionnés par le défaut de voitures, le mauvais temps et les difficultés des routes, l'ont fait arriver le lendemain de la saisie, trois jours après la publication de la correspondance incriminée.

Mais pourquoi, objectera-t-on enfin, l'éditeur responsable, qui était la partie la plus intéressée, n'a-t-il pas pris lecture du manuscrit ou de l'épreuve du Journal avant sa publication?

Messieurs, celui que je défends vous a dit, avec toute la franchise militaire qui le caractérise, qu'il lui arrivait fréquemment de signer la feuille sans la lire. Cette confiance, qui eût été blâmable pour un journal qui eût déjà essuyé quelque poursuite, ne l'était point pour une feuille qui avait vécu six années et traversé des circonstances, certes, beaucoup plus critiques que celles où nous avons le bonheur de nous trouver, non seulement sans éprouver de condamnation, mais même sans donner prise à une plainte de la part de l'autorité.

Cette absence de procès devait inspirer de la confiance, et même de la sécurité, à celui que je défends; et je puis vous attester, que s'il en eût été autrement, il n'aurait point accepté la responsabilité qui l'a conduit devant vous. Ainsi donc, en supposant que l'article incriminé fût, dans quelques-uns de ses passages, de nature à mériter quelques reproches, la certitude démontrée qu'il n'y a point eu l'intention d'y donner lieu, que la publication n'a pu résulter que d'un concours de circonstances impossibles à prévoir et par l'effet d'une méprise; tous ces motifs doivent singulièrement agir sur l'esprit de juges tels que vous, accoutumés à peser non seulement un fait en lui-même, mais avec toutes les circonstances atténuantes qui l'ont précédé ou suivi.

En raisonnant jusqu'ici dans cette hypothèse, je suis loin d'accorder que l'article soit réellement

tombé sous l'application des lois répressives. C'est
une chose toute naturelle que de désavouer ce qui
ne provient point de notre fait, soit en bien, soit
en mal; il y a même plus, on peut ne pas approuver le style et la forme d'une composition, sans reconnaître que les pensées et les expressions puissent
former un corps de délit.

Il n'est aucun de vous, Messieurs, qui voulût signer
tous les écrits qui circulent néanmoins librement,
sans exciter aucune mesure rigoureuse de la part
du ministère public. Ce serait donc inutilement que
l'on voudrait s'armer de la déclaration qui n'est
que le désaveu d'un fait, et non une rétractation,
pour circonscrire ou annuler la défense. Elle est
pleine et entière comme avant la publicité des explications données dans *l'Ami de la Charte*.

Comme c'est d'une violation des lois sur la presse
que mon client est prévenu, il ne sera pas hors de
propos de poser quelques principes généraux sur
une institution qui fait maintenant partie de notre
droit public.

La liberté de la presse est un droit écrit dans
notre pacte fondamental, et cependant, depuis dix
ans que la Charte est promulguée, nous n'avons
joui de ce droit que par intervalle; de telle sorte que
le régime légal et ordinaire n'a été pour nous qu'un
régime d'exception.

La libre publication des opinions sur les affaires
publiques est dans l'intérêt de la nation, et du

monarque qu'elle vient éclairer chaque jour sur les fautes commises contre leurs intérêts réciproques. Par ce moyen, les actes arbitraires sont connus, les injustices dévoilées; et la vérité, qui ne parvenait à l'oreille du Souverain qu'après avoir forcé une triple barrière de courtisans et d'adulateurs, qui le plus souvent la consignaient à la porte du palais, trouve maintenant un facile accès auprès du Monarque. Au surplus, la publicité est la condition essentielle du gouvernement représentatif, comme la censure est de l'essence de la monarchie absolue.

Cependant nous avons vu toutes les générations de ministres qui se sont succédés depuis dix ans, appliquer tous leurs soins à dénier, retarder ou suspendre l'exercice de cette précieuse garantie; et cela se conçoit aisément. Les ministres ne sont point inviolables, loin de là; ils doivent du moins, aux termes de notre droit public, répondre de tous leurs actes. La critique que l'on en fait, quelquefois même, avec amertume, les irrite. Bientôt éprouvant des résistances et des obstacles qui accroissent leur humeur, ils les attribuent, non à leurs fautes ou au mauvais système où ils sont engagés, mais à l'influence de la presse qui n'a fait que les révéler; et, s'ils ne peuvent briser l'instrument, ils cherchent à étendre et à multiplier l'application des lois répressives.

Tout ici-bas est mêlé de bien et de mal; les meilleures institutions ne sont pas exemptes de ce funeste alliage. Toutes les fois seulement, que la somme du bien dépasse de beaucoup celle du mal, on peut dire d'une chose qu'elle est utile et bonne à conserver.

On a dit de la presse qu'elle ressemblait à la lance d'Achille, qui guérissait les plaies qu'elle avait faites. Cette comparaison est fort exacte; et l'on peut ajouter même, que pour une fois qu'elle blesse, il en est vingt où elle guérit.

Il est à regretter que toutes les discussions politiques ne soient pas marquées au coin de la modération et de cette urbanité qui forme un des traits distinctifs de la nation : malheureusement il n'en saurait être ainsi, et chacun apporte dans cette controverse le plus ou moins d'irritabilité, qui fait le fonds de son caractère. Permettre la critique des actes ministériels, et exiger que l'on n'emploie que des expressions de bon goût et des formes avouées par la politesse, serait une concession à peu près illusoire. Lorsqu'un citoyen est convaincu que certains administrateurs abusent de leur pouvoir, ou, ce qui revient au même, qu'ils ne s'en servent que pour menacer au lieu de protéger, diviser au lieu de réunir, corrompre au lieu d'améliorer, doit-il faire violence à sa conviction, réprimer l'élan de sa conscience, refouler dans son cœur les vérités qu'il brûle de faire connaître au Monarque et à la nation qu'on abuse, pour se soumettre aux froides formules de la bonne compagnie ?

Rassurez-vous cependant; en défendant la liberté je ne viens point faire l'apologie de la licence; je reconnais la nécessité de lois répressives pour arrêter les écarts et les aggressions d'écrivains qui, méconnaissant les règles du devoir, s'efforceraient de déverser le mépris sur ce qui mérite nos hommages, et de vouer à la haine les institutions dignes de notre amour : la société ne doit pas rester désarmée en présence des factions qui chercheraient à la troubler ou à la corrompre. Messieurs, ces lois salutaires existent, et c'est à vous, à votre sagesse, à votre inébranlable fidélité, que l'exécution en est remise.

Mais le pouvoir est ombrageux de sa nature; il trouve souvent l'abus dans l'usage, et une expression qui le choque, une attaque un peu trop vive, mais qui pourtant n'est point punissable, lui font voir la violation des lois et l'introduction de la licence, là où se trouve seulement l'exercice d'un droit légalement reconnu.

La nuance, qui sépare l'usage de l'abus, est quelquefois difficile à saisir, parce qu'elle n'est ni tranchante ni absolue, et qu'elle se modifie au gré des circonstances, des époques et des localités. Ainsi, tel article qui devrait être sévèrement puni, dans un moment où l'Etat serait en péril, devient inoffensif dans un autre, où il ne peut produire aucun fâcheux résultat. Un écrit qui, sous prétexte de religion, exciterait les citoyens à s'armer les uns contre les autres, devrait encourir une peine plus forte dans un pays où diverses communions existeraient simultanément, que dans celui où règnent la même croyance et le même culte.

C'est surtout pour les délits de la presse que les circonstances aggravantes ou atténuantes doivent influer sur l'esprit des juges; et je n'ai pas besoin de vous rappeler que dans l'incertitude de savoir s'il existe un délit, la balance doit toujours pencher en faveur du prévenu.

C'est maintenant, Messieurs, que le champ de l'accusation et celui de la défense vont véritablement se déployer à vos yeux.

Comme le ministère public a attaqué l'article dans son ensemble, qu'il a dit, que presque tout l'article provoquait à la haine du gouvernement du Roi, il convient, avant d'entrer dans la discussion des passages incriminés, de vous présenter quelques observations sur son esprit général.

Ce n'est point une accusation de tendance qui vous est déférée; cette qualification si vague, dont le législateur s'est servi à dessein, ne doit point recevoir ici son application. C'est pour un délit positif et clairement défini que nous sommes appelés devant vous; il faut donc que ce délit soit prouvé d'une manière patente, il faut qu'il ressorte expressément du sens et du texte de l'article incriminé. Les accusations de tendance laissent au magistrat une grande latitude : ici, au contraire, il est pour ainsi dire emprisonné dans les termes de la loi qui ne peut atteindre que le délit qu'elle a d'avance caractérisé.

On ne peut donc point dans cette occasion arguer du sens général de l'article, et se fonder sur le but auquel il tend, pour invoquer la rigueur de la loi. D'ailleurs, comment soutenir que ce qui, en détail, est innocent, puisse devenir coupable dans l'ensemble? Ce serait renouveler ce système de semi-preuves et de quart de preuves, qui, additionnées, forment un délit, comme si la culpabilité pouvait se diviser en fractions. Ce système a été victorieusement réfuté dans plusieurs circonstances; il est contraire à la jurisprudence suivie pour les délits de la presse. Un légiste anglais disait plaisamment, à cette occasion, que vouloir faire une preuve complète avec des inductions réunies, était aussi ridicule, que de soutenir, que *vingt lapins blancs font un cheval blanc.*

Je ne refuse point, Messieurs, d'entrer dans la justification de chaque paragraphe, de chaque phrase de la lettre qui vous a été dénoncée. Quant à l'ensemble et à l'esprit général de l'article, je dirai qu'il annonce un homme de bien, mais un homme de bien en colère, qui s'indigne à l'aspect du mal qu'il aperçoit, ou qu'il croit apercevoir. Comme j'ai eu l'honneur de vous le faire observer, chacun écrit avec son caractère. L'auteur de la lettre se passionne, il est vrai, mais ce n'est que pour le bien public. On croit entendre un autre *Alceste* qui, déçu par une perfection imaginaire, tonne contre le vice avec plus de zèle que de mesure. Ce n'est point à la religion qu'il déclare la guerre, mais à l'hypocrisie qui usurpe insolemment les titres et les honneurs dûs à la piété sincère; ce n'est point contre les ministres de la religion qu'il s'élève, mais contre l'esprit ambitieux que quelques membres du clergé voudraient ressusciter.

Dans cette boutade d'un homme morose, on ne trouve que ces généralités que certains philosophes grondeurs se sont toujours permis d'adresser à leurs semblables. Aucun appel n'est fait à la révolte ; loin de là, l'éloge personnel du Monarque revient plusieurs fois sous la plume de l'auteur. Aucun dogme de la religion n'est mis en doute, il ne s'agit, dans tout cela, que d'une question de préséance et des jésuites; or, quelque importance que puissent avoir *des vains honneurs du pas le frivole avantage*, et une corporation célèbre, mais qui n'est point reconnue par l'état, il est permis de penser et d'écrire, que l'existence de la religion et de la royauté ne sont point liées à des questions de cette nature.

Ainsi, Messieurs, l'esprit général de l'article décèle un homme que l'aspect ou l'idée du vice révolte, mais non un factieux cherchant à ébranler le trône ou à rallumer le brasier des discordes civiles.

Le ministère public a établi cinq chefs d'accusation; et il est permis de s'étonner un peu de ce luxe de criminalités parmi lesquelles il est ordinaire de choisir.

Dans le réquisitoire, les inculpations se divisent ainsi :

Offense envers la personne du Roi; attaque à la dignité royale; provocation à la haine ou au mépris du gouvernement du Roi; provocation à la haine ou au mépris d'une ou plusieurs classes de citoyens; et, enfin, injure envers un ministre de la religion.

Je ne suivrai point l'ordre établi par l'accusation; voici sous quels rapports j'embrasserai la cause :

J'examinerai, en premier lieu, l'accusation de provocation à la haine, ou au mépris du gouvernement du Roi; je passerai de là à l'excitation à la haine ou au mépris d'une ou plusieurs classes, ce qui me conduira naturellement à l'examen de l'injure envers un ministre de la religion; et enfin je discuterai le plus grave de tous les chefs d'accusation, l'outrage à la dignité royale et l'offense envers la personne de Sa Majesté.

Je commence par aborder la question relative au gouvernemeut du Roi.

L'art. 4 de la loi du 25 mars est ainsi conçu :

« Quiconque par l'un des mêmes moyens, aura excité à la haine ou au mépris du gouvernement du Roi, sera puni d'un emprisonnement d'un mois à quatre ans, de cent cinquante francs à cinq mille francs d'amende. »

« *La présente disposition ne peut pas porter at-*

teinte au droit de discussion et de censure des actes des ministres. ».

La discussion de cet article souleva un grand nombre de difficultés, lorsque cette loi fut présentée aux Chambres. Il est certain que la rédaction n'en est pas très - claire, car le législateur aurait dû définir ce qu'il entendait par ce mot gouvernement du Roi, avant d'établir une nouvelle pénalité. A défaut d'autre commentaire, je vais essayer cependant de pénétrer dans l'intention de la loi relativement aux délits qu'elle a voulu atteindre.

Et d'abord, il est évident que par gouvernement du Roi, il ne faut pas entendre seulement le ministère, car le dernier paragraphe porte que la discussion et même la censure de ses actes est permise. D'un autre côté, le Roi dans notre système représentatif, n'étant responsable de rien, ce n'est pas lui qui est le gouvernement; où faut-il donc le chercher?

Mais, Messieurs, je me trompais en disant que le gouvernement du Roi n'était pas défini, il l'a été, par une autorité que vous ne récuserez point, par l'autorité royale elle-même, au deuxième chapitre de la loi fondamentale de l'état, intitulé : *Forme du Gouvernement du Roi.*

Tous les chapitres subséquens qui ont pour titre, de la Chambre des pairs, de la Chambre des députés, des ministres, de l'ordre judiciaire

etc., dérivent évidemment de ce premier chapitre intitulé Forme du Gouvernement du Roi,
d'où il suit que ce gouvernement se compose
de toutes les autorités politiques, civiles, judiciaires ou militaires qui exercent un pouvoir
quelconque dans le royaume. Les Chambres, les
ministres, le conseil d'état, les cours royales,
les tribunaux, l'armée, les conseils des départemens, les assemblées municipales, et généralement tous les fonctionnaires qui reçoivent un
mandat de la loi ou de la volonté du chef de
l'état font partie et forment l'ensemble du gouvernement du Roi.

A la vérité, quelques-unes des autorités que je
viens de nommer, telles que les chambres et les tribunaux, sont sous la protection de dispositions par-
ticulières, parce qu'elles réclament plus de respect
et de vénération de la part des citoyens; mais, de la
faveur qui leur est accordée, on aurait tort d'inférer
qu'elles ne font point partie du gouvernement du
Roi, et que cette qualification ne comprend que ce
qui ressort de l'administration proprement dite, ou,
en d'autres termes, les ministres et leurs agens les
plus directs.

Non, Messieurs, tel ne peut être le sens de cette
dénomination; car le gouvernement du Roi serait
plus qu'incomplet, s'il ne renfermait dans sa sphère
que les ministres et les fonctionnaires placés sous
leur dépendance immédiate.

Que faut-il donc pour caractériser l'excitation à la haine ou au mépris du gouvernement du Roi?

Il faut de deux choses l'une : ou attaquer la forme du gouvernement lui-même, et nier les institutions sur lesquelles il repose, comme si l'on disait qu'un chef électif est préférable à un chef héréditaire ; qu'une chambre unique vaut mieux qu'un pouvoir législatif divisé en trois branches (1). Il y aurait provocation à la haine ou au mépris du gouvernement du Roi, si l'on disait qu'il ne faut point de ministres, parce que la Charte porte que l'autorité royale sera exercée par des ministres responsables, parce qu'alors ce serait opposer une forme illégale de gouvernement au gouvernement légitime, et par conséquent provoquer à la haine ou au mépris du dernier.

Cette provocation pourrait encore être objectée, si un écrivain avait osé attaquer, dans leur personne, toutes les autorités politiques, civiles et militaires ; s'il avait dit, par exemple, que toutes les fonctions publiques étaient déshonorées dans l'opinion ; que les chambres étaient dégradées ou corrompues ; que le conseil d'état était vendu au ministère ; que les cours et les tribunaux trafiquaient de leurs sentences, et

---

(1) Il faudrait encore que cette discussion sortît du domaine spéculatif, et qu'elle fût de nature à engager les citoyens à changer la forme établie. Nul doute que, dans la théorie, on ne puisse discuter les avantages et les inconvéniens de diverses formes de gouvernement, et c'est ce qu'ont fait tous les publicistes, tels que Bodin, Grotius, Puffendorf, Montesquieu et Rousseau.

3

qu'on n'avait plus de justice à espérer. Il pourrait y avoir une offense envers le gouvernement du Roi, si cet écrivain avait prétendu que l'armée menaçait la sûreté des citoyens, que tous les administrateurs excédaient leurs fonctions.

Mais, Messieurs, l'auteur de la lettre n'a rien dit de tout cela. Il y a bien mieux, de tout cela il n'a critiqué que ce qui, par une disposition particulière de la loi, est soumis à la critique de chacun; en un mot, il n'a censuré que le ministère.

Cette censure peut être vive; mais la loi qu'on nous oppose ne parle point d'une critique plus ou moins décente, plus ou moins réservée; elle permet la critique des actes du ministère, voilà tout. Si le législateur eût voulu réprimer l'exagération des termes, il aurait ajouté : Pourvu que la critique soit mesurée. Lorsqu'il s'agit de pénalité, vous le savez, tout est sacramentel, et vous ne voudrez pas vous montrer plus sévères que la loi.

Ce n'est pas, je crois, un grand malheur que MM. les ministres, qui ont un si grand faible pour la censure, soient aussi censurés à leur tour.

L'on peut contester le bon goût d'expressions telles que celles-ci : *Cet antre ministériel, cloaque d'abus et de passions sordides.* Ce n'est point là, vous le savez, le ton habituel de *l'Ami de la Charte,* qui a mis constamment autant de soin à éviter les déclamations et les injures que d'autres en mettent à les rechercher. Vous pouvez trouver quelques inconvenances dans ces expressions; je dois vous faire remarquer cependant qu'elles se rapportent principalement aux ministères précédens; car l'auteur de l'article parle des ministères qui se sont succédés depuis dix ans. Eh! Messieurs, que n'ont pas écrit, en 1819, les écrivains les plus royalistes contre les membres du conseil d'alors? Est-il nécessaire d'exumer les colonnes de *la Quotidienne*, du *Drapeau blanc*, et surtout celles du *Conservateur*, où chaque jour une guerre à outrance était déclarée par les ministres d'aujourd'hui à ceux qui tenaient alors ces porte-feuilles si enviés de nos jours? Nous ne serions pas en peine d'y trouver des expressions équivalentes, qui sont par malheur dans le dictionnaire de tous les partis.

Sourde à ces considérations, l'accusation persistera-t-elle à soutenir qu'il y a provocation à la haine et au mépris du gouvernement du Roi dans les attaques dirigées contre les ministres? Je ne puis croire à une pareille aberration.

Si, comme certains publicistes voudraient le donner à entendre, les ministres étaient à eux seuls le gouvernement du Roi; d'après la législation qui régit maintenant la presse, il n'y aurait plus de publicité, et conséquemment point de gouvernement représentatif : car on ne pourrait signaler les vices d'un projet de loi, l'inconstitutionnalité d'une mesure ou l'injustice d'un acte provenant de la haute administration, sans exciter à la haine ou au mépris du mi-

3*

nistère, qui, s'intitulant gouvernement du Roi, se couvrirait ainsi fort adroitement du manteau royal de l'inviolabilité.

Mais cette confusion de pouvoirs qui serait si funeste, le législateur ne pouvait pas l'établir, et ne l'a point établie en effet, puisqu'il a autorisé la censure des actes du ministère; c'est ce que l'auteur de la lettre a fait, sans exciter au mépris ou à la haine du gouvernement du Roi.

Que demain le *Moniteur* annonce la destitution de tous les membres du conseil, le gouvernement du Roi n'en existera pas moins, et n'en sera pas moins honoré que par le passé. On peut même dire, sans être un factieux, que cette mesure ne diminuerait pas les bénédictions qui de toutes parts se dirigent vers le trône de notre nouveau Monarque.

A quoi servirait une opposition, si elle ne pouvait prétendre à remplacer l'administration qu'elle blâme par des hommes plus capables et mieux intentionnés? Ce n'est point en ménageant des ministres prévaricateurs, qu'on pourrait les précipiter des hauteurs où la puissance de l'or et de l'intrigue les aurait affermis. C'est en les attaquant chaque jour et corps à corps, et en appelant à soi les secours de l'opinion, que l'on peut parvenir à les débusquer d'un poste que l'on n'abandonne généralement qu'après avoir brûlé toutes ses cartouches.

Mais les aggresseurs peuvent aussi pécher par un

acharnement sans motif, ou inopportun : eh bien!
qu'arrive-t-il? si les faits reprochés aux ministres
sont faux ou exagérés, ils ont la faculté de répondre; et des attaques semblables corroborent le ministère, en affaiblissant l'opposition.

Chez les Romains, quand leurs généraux et leurs
consuls les plus fameux obtenaient les honneurs du
triomphe, du sein des acclamations de la foule qui
les escortait, il s'élevait toujours une ou plusieurs
voix qui chantaient des couplets satyriques, faisant
allusion au vice que l'opinion publique attribuait
au triomphateur.

Que les ministres, au milieu de leurs ovations
journalières, se résignent à entendre quelques voix
importunes qui viennent troubler le concert de
louanges qui accompagnent toujours le pouvoir.

Le journal que je défends appartient à l'opposition, il ne peut pas, il ne doit pas s'exprimer
comme une feuille ministérielle. Après nous avoir
montré un Roi dont les premiers actes sont empreints de franchise et de modération, l'auteur de
la lettre ajoute :

« Mais si de ces considérations générales on descend aux détails, l'esprit est attristé, l'aspect du
mal affaisse l'âme, l'espérance peut à peine se soutenir. *Il semble qu'il faudrait un génie surnaturel
pour ordonner ce cahos, mettre fin à ce pillage,
rendre ces consciences vénales à elles-mêmes, faire
regorger ces sangsues, rencogner ces solliciteurs,*

abaisser l'orgueil de ces fiers patriciens, donner de l'énergie à la population. »

Je vais essayer, Messieurs, d'expliquer ce paragraphe, phrase par phrase, et pour ainsi dire mot à mot, afin de prouver qu'il n'y a point excitation à la haine ou au mépris du gouvernement du Roi.

Ces mots, il semble qu'un génie surnaturel pourrait seul ordonner ce cahos, présentent à l'esprit une signification vague, qui, en aucun cas, ne peut être injurieuse. Le cahos est l'absence de l'ordre : or, l'écrivain, qui voit un grand nombre de désordres dans l'Etat, peut bien dire *qu'un génie surnaturel pourrait seul ordonner ce cahos.*

Remarquez surtout, je vous prie, que l'auteur ne prend point ici le ton affirmatif; ce n'est au contraire que sous la forme dubitative qu'il avance sa proposition; il dit expressément, il semble, et certes, il semble, ne signifie pas il est certain. Il ne faut donc point prendre au pied de la lettre tout ce que l'écrivain ajoute à la suite de cet avertissement, qui d'avance atténue tout ce qu'il va dire.

Mettre fin à ce pillage : J'ignore, Messieurs, de quel pillage l'auteur a voulu parler, car il n'a émis jusque là aucune proposition qui puisse le faire deviner positivement; mais, enfin, s'il y a pillage, il est essentiel que le gouvernement y rémédie; et, certes, ce n'est pas être séditieux que de réclamer le châtiment des voleurs; comme l'a dit un écrivain royaliste, les fripons ne sont d'aucun parti.

Mettre fin à ce pillage, sans indiquer en quoi il
consiste, et à qui il faut l'imputer, est une proposition générale qui ne peut caractériser une provocation à la haine ou au mépris du gouvernement du
Roi; car, si un gouvernement devait être haï ou mé-
prisé, parce qu'il aurait employé un agent infidèle,
où pourrait-on se flatter de trouver un gouvernement respecté?

Messieurs, l'écrivain n'a fait que répéter ici,
sans application directe, ce qui avait retenti à la
tribune avec beaucoup plus de précision et d'é-
nergie.

Lorsqu'il s'est agi de discuter la loi sur les cré-
dits supplémentaires qu'avait exigés la guerre d'Espagne, des orateurs du côté gauche et du côté
droit ont signalé de scandaleuses dilapidations et
d'énormes bénéfices faits par des administrateurs
des vivres et des munitions de guerre. Des deux cô-
tés de la chambre on s'est écrié que les fournisseurs
de mauvaise foi, que les comptables infidèles de-
vaient être punis; et aucun député n'a pourtant été
mis en jugement. Dira-t-on que la liberté, dont
jouit la tribune, s'y opposait? Mais les journaux,
qui ne partageaient point ce brevet d'impunité,
ont répété les mêmes choses jusqu'à satiété; et les
noms de certains entrepreneurs sont mentionnés
en termes peu flatteurs dans les colonnes de tous
les journaux de cette époque.

L'écrivain royaliste, que je vous citais tout-àl'heure, M. Sarran, ancien rédacteur du *Drapeau blanc*, a fait une brochure spéciale sur les dilapidations commises en Espagne, et sur les profits qu'en ont retiré certains hommes d'affaires, qu'il désigne assez clairement. La brochure n'a point été saisie; les éditeurs des journaux n'ont point été poursuivis, quoique les accusations qu'ils contenaient fussent bien autrement sévères que celles que l'on nous reproche.

Rencogner ces solliciteurs : L'expression est un peu dure, d'accord; mais elle n'est injurieuse que pour les solliciteurs, qui ne forment pas encore, bien qu'ils soient assez nombreux, une classe de citoyens dans l'Etat : on sait, d'ailleurs, que c'est une engeance tenace, qui, lorsqu'on lui ferme la porte, rentre par la fenêtre; et, peut-être, même en les *rencognant,* ne parviendrait-on pas à les chasser.

Rendre ces consciences vénales à elles-mêmes. Je crois l'entreprise difficile, car un homme qui a une fois vendu sa conscience, peut rarement se réhabiliter dans l'estime de ses concitoyens et de soi-même. Mais, Messieurs, je suis convaincu que vous ne prendrez pas la défense des âmes vénales, et vous n'ignorez pas non plus qu'il en existe, plus ou moins, à toutes les époques, et sous les meilleurs règnes. Walpoole, qui poussa si loin l'art de corrompre, disait qu'il avait dans son portefeuille le tarif des consciences de tous les membres du parle

ment : je ne veux point provoquer un rapprochement entre l'époque où il vivait et la nôtre; mais
personne de vous n'ignore que l'on a parlé publiquement, il y a quelque temps, d'achats de conscience; et le procès de la *Quotidienne*, et d'autres
journaux, ont révélé d'étranges faits à cet égard,
qui ne sont pas sans doute entièrement effacés de
votre mémoire.

Faire regorger ces sangsues. M. le général Foy a
dit qu'il fallait faire rendre gorge aux fripons.
Quelle est celle de ces deux locutions qui vous paraît la plus forte?

Démasquer ces hypocrites. Je croirais inutile,
Messieurs, de chercher à justifier ce passage. Il a
toujours été utile et moral de démasquer l'hypocrisie, sous quelque manteau qu'elle se cache.

*Abaisser l'orgueil de ces fiers patriciens, donner
de l'énergie à la population.* La première partie de
cette demi-phrase n'a pas besoin de grands efforts
de logique pour être justifiée. Si, parmi nous, il
était quelques patriciens qui eussent l'orgueil de
croire qu'eux seuls doivent compter dans la société,
et que le peuple n'est rien, nul doute qu'il ne fût
de l'intérêt et du devoir du gouvernement de ra-
baisser leur orgueil, en les rappelant à l'égalité
devant la loi, qui est une des bases essentielles
de notre droit public. Et ne peut-on pas dire, sans
exciter à la haine ou au mépris du gouvernement
du Roi, qu'il existe de fiers patriciens, d'autant

que cette dénomination, empruntée au dictionnaire d'une langue morte, n'indique pas directement une classe reconnue par la Charte.

L'accusation s'efforcera peut-être d'incriminer ces mots, *donner de l'énergie à la population*, et cherchera à y découvrir une exhortation indirecte à la révolte; mais cette inculpation croule d'elle-même, car qu'est-ce qui, dans la pensée et dans l'expression de l'écrivain, doit donner de l'énergie à la population? C'est le gouvernement lui-même; et l'on ne peut pas raisonnablement imaginer qu'il conspire contre sa propre sûreté.

Le mot d'énergie a excité en plusieurs circonstances de vives réclamations; je ne sais d'où vient l'espèce de réprobation dont il est frappé. L'énergie s'applique plus encore au bien qu'au mal; elle est l'opposé de la faiblesse, qui est un défaut, et presque un vice. Une population sans énergie serait à la merci de la première invasion, ou du premier factieux qui aurait de l'audace et des baïonnettes.

Quel est le souverain qui voudrait régner sur un peuple énervé, incapable de se défendre s'il est attaqué à l'extérieur, et recevant docilement toutes les formes de gouvernement qu'il plaît à la force de lui imposer?

L'énergie a ses excès, nous ne l'ignorons point; ces excès sont produits par des causes étrangères, telles que le fanatisme politique ou religieux; mais, d'ailleurs, l'énergie est bonne en soi : elle n'appartient qu'aux âmes fortement trempées; et une population énergique sera toujours préférable à un peuple lâche et efféminé, insensible à tous les outrages, et accessible à toutes les invasions et à toutes les tyrannies.

Ils avaient de l'énergie, ceux de nos ancêtres qui combattirent avec les St.-Louis, les Latrimouille et les Bayard, sous le ciel de l'Égypte et de l'Italie, ou sur les frontières de France menacées par les cohortes étrangères.

Ils avaient de l'énergie, ces Français qui, à la voix d'une héroïque bergère, chassèrent l'ennemi de nos provinces envahies.

Ils avaient de l'énergie ces braves, plus rapprochés de nous, qui entourèrent d'une muraille de fer la patrie compromise dans son indépendance.

Ils avaient aussi de l'énergie, ces Lyonnais et ces Vendéens, luttant avec une courageuse persévérance pour la cause qu'ils croyaient celle de la religion et de l'humanité.

Voudriez-vous ressembler à ces Romains dégénérés, à ces Grecs du bas empire, qui achetaient à prix d'or une paix que chaque jour le fer venait dissoudre?

Voyez les descendans de ces derniers! Après avoir, pendant plusieurs siècles, courbé un front soumis sous le bâton d'un pacha, voyez-les se relever tout-à-coup, avec l'énergie d'un peuple régénéré, et, la croix triomphante, s'élever de toutes parts à la place du croissant!

Non, vous ne confondrez point cette énergie qui résulte de la conviction de ses devoirs et de ses droits, avec cette ébullition passagère, cette fièvre brûlante qui, dans les crises politiques, dévorent tout ce qui s'oppose à leur horrible épanchement. Rien n'annonce que telle fut la pensée de l'auteur de la lettre ; tout concourt à prouver, au contraire, qu'il n'a voulu que recommander au pouvoir d'entretenir et de raviver l'esprit public, condition indispensable du gouvernement représentatif.

Ainsi, dans cette longue période, il n'y a point de provocation à la haine ou au mépris du gouvernement du Roi, puisqu'on n'y attaque ni les chambres, ni le conseil d'état, ni enfin l'administration proprement dite, et que toutes les accusations pèsent sur des agens infidèles, des hommes intéressés ou vicieux, tels que les hypocrites et les solliciteurs.

Ainsi donc, et pour me servir des expressions du ministère public, il n'y a ici ni loi violée, ni délit commis, ni peine encourue.

Hâtons-nous cependant d'en finir avec MM. les ministres. Tous les griefs que l'auteur de la lettre incriminée a contre eux, peuvent se résumer dans cette phrase courte, mais substantielle : *Incapacité, immoralité, présomption.*

Quant à l'incapacité des membres du conseil, je n'ai point à m'en occuper ici. A tort ou à raison, il a toujours été permis à l'opposition de parler de l'incapacité ministérielle. Pour l'immoralité, l'accusation est un peu plus grave, et mérite un examen plus approfondi.

Veuillez remarquer, d'abord, que l'auteur de l'article incriminé n'attaque la moralité des ministres que comme fonctionnaires publics et responsables; il n'est nullement question de leur vie privée, qui, comme celle de tous les citoyens, est à l'abri d'une censure publique.

Entendons-nous d'abord sur l'acception des termes. Quelle signification attache-t-on généralement à ce mot immoralité? Si je ne me trompe, on entend par ce terme la violation des règles de la saine morale. La morale, sans doute, est obligatoire pour les hommes d'état comme pour les simples particuliers, et nous ne sommes plus au temps où, par de subtiles distinctions, on s'affranchissait des règles du devoir, où le cynisme politique osait répéter que la petite morale tue la grande.

La moralité politique des ministres est sujette au contrôle des citoyens comme leur capacité; car il faut que ces derniers puissent dire au Souverain : « Sire, vos ministres abusent de votre confiance; sous prétexte de vous servir, ils se livrent à l'injustice et à l'arbitraire. Vous avez voulu que les citoyens chargés d'élire leurs mandataires, fussent libres dans leurs choix; ils les contraignent à voter pour leurs créatures, en les menaçant de votre disgrâce ou de la perte d'un emploi nécessaire à leur subsistance. Vous avez voulu que le scrutin fût secret; ils nous

forcent à voter à bulletin découvert. Les fonds con-
sacrés au service public, ils les divertissent pour
acheter des consciences, et se faire des panégyristes.
Ailleurs, ils vous représentent comme ennemie une
population qui vous chérit et vous honore. Vous
avez voulu que la magistrature, inamovible et éter-
nelle, participât à la dignité du trône. Eh bien! dans
les journaux avoués par eux, ils ont laissé dire que
quelques-uns d'entre vous, ceux qui représentent
principalement le Roi, de qui toute justice émane,
étaient révocables à la volonté d'un ministre. Ils les
ont assimilés à des commis, à des comptables, et,
le croiriez-vous, Messieurs, à des serviteurs à gages?
L'effet a suivi la menace, l'exemple a confirmé la
doctrine, et des magistrats recommandables ont été
destitués, pour n'avoir voulu céder qu'à la voix de
leur conscience. Puis, dans un acte solennel, publié
à la face de la France et de l'Europe, ils ont attaqué l'autorité de la chose jugée; et, pour se discul-
per d'un outrage aussi grave fait à la magistrature,
ils ont déclaré que ce motif outrageant n'avait été
qu'un prétexte, qu'un jeu, et qu'on s'était servi du
corps judiciaire pour colorer une mesure dont on
voulait cacher la véritable cause.

Articuler de pareilles allégations, n'est-ce pas ac-
cuser l'immoralité du ministère? Que voit-on cependant dans tous les journaux du côté gauche et du
côté droit, avant et depuis la censure, si ce n'est la
répétition journalière de ces imputations?

Cependant le ministère public ne poursuit point les auteurs de ces attaques et les éditeurs des feuilles périodiques où elles sont consignées. Il répugne de croire que des magistrats qui ont donné des gages nombreux et certains de leur dévoûment à la monarchie, laissent circuler impunément des écrits contraires aux lois. On ne peut pas supposer une coupable connivence entre les écrivains et les tribunaux; la loyauté des magistrats repousse une telle insinuation. D'où vient donc qu'à Paris les réquisitoires sommeillent, et qu'au lieu de semblables morceaux d'éloquence, les lecteurs des diverses opinions y trouvent chaque matin des actes d'accusation dressés contre le ministère?

Et remarquez bien que les journaux de la capitale ont bien une toute autre importance que les feuilles de département. En peu de jours, les premiers vont apprendre à la France entière les bruits et les faits qui circulent à la bourse, au théâtre, quelquefois même dans les salons ministériels. Il n'est aucun habitant du bourg le plus éloigné qui ne sache, par ce rapide moyen de communication, ce que l'on pense des actes et du système des hommes placés au timon de l'état; tandis qu'un journal de département, écho lointain des discours et des événemens dont Paris est le centre, ne peut que reproduire des impressions déjà affaiblies, et qui ne sortent point des limites du département, ou, tout au plus, de la province où il est publié.

Eh bien! Messieurs, chaque jour les journaux
de la capitale renferment des articles plus ou
moins violens contre les ministres; on n'épargne
ni leurs systèmes, ni leurs actes, ni même leur
travers, si la malice leur en découvre ou leur
en suppose, et ces journaux circulent sans obstacle dans Paris, et de là, dans toute l'étendue
du royaume.

Si les magistrats ne sévissent point contre ces
aggressions toujours croissantes, il faut l'attribuer à plusieurs causes, et d'abord à l'opinion
généralement répandue et partagée par les tribunaux, que la censure des actes ministériels est
permise alors même qu'elle s'exerce avec amertume; c'est parce que les juges sont convaincus
qu'il n'y a point de délit à attaquer une administration frappée d'impopularité.

L'opinion publique exerce plus d'influence sur
les hommes que l'on ne croit, et souvent même
à leur insçu. Si le ministère jouissait de la faveur populaire, s'il était national, les écrivains
d'opinions si différentes se donneraient bien garde
de l'attaquer avec si peu de ménagement. C'est
parce qu'ils ont raison dans leurs critiques, que
le public les écoute, et les encourage; s'ils ont
raison, il importe que le Roi en soit instruit,
et il ne peut l'être mieux que par la voie de
la presse libre.

La censure de MM. les ministres a été toujours si rigoureuse et souvent si absurde, que les hommes qui l'avaient établie et dirigée, ont dû être jugés sévèrement par la presse affranchie. Vous le savez, Messieurs, la compression est toujours suivie d'une réaction inévitable, et plût au ciel qu'aucune n'eut été plus funeste que celle qui s'est élevée contre MM. les ministres !

Il faudrait, certes, qu'ils fussent doués d'une grande susceptibilité, pour avoir du ressentiment d'un coup d'épingle qui, si je puis m'exprimer ainsi, est porté de si loin, au milieu des blessures graves qu'ils reçoivent journellement dans la cité et presque dans les palais qu'ils habitent.

Je vais vous lire quelques passages extraits des journaux de diverses opinions, où l'on représente la politique et le caractère de nos hommes d'état sous des couleurs qui ne sont pas plus favorables que celles employées dans la lettre incriminée. J'aurais pu multiplier d'avantage les citations, mais je n'ai pas voulu abuser de vos momens et de votre patience.

« Le ministère qui a voulu introduire tous les genres de fraude dans le gouvernement représentatif, qui a voulu attaquer l'indépendance des électeurs, par tous les moyens, par la menace de perdre, par l'espérance d'obtenir; qui a essayé, par tous les obstacles, de dégoûter de l'exercice de ses droits une nation jeune encore à la liberté, et dont il faudrait soutenir le zèle loin de le décourager; qui a

4

attaqué de toutes les manières les moyens d'exprimer
l'opinion publique; qui d'abord a essayé d'avilir les
écrivains en les achetant; et qui, n'ayant trouvé à
acheter que ceux dont la plume lâche et impuis-
sante était sans force, a fini par bâillonner les écrivains indépendans, et les soumettre au joug odieux
de la censure ; le ministère qui, ayant ainsi essayé
de la corruption , et recourant ensuite à la censure,
c'est-à-dire à la force, a , dans un seul jour, attaqué une institution qui semblait consacrée, et avoué
que cette opinion qu'il affectait de dédaigner lui
faisait une frayeur mortelle; *ce ministère corrupteur,
petit* et *vaniteux,* est apprécié, puisque, malgré son
avis, la censure est abolie. Ainsi, outre la restitution
d'une faculté précieuse, l'ordonnance du 29 septembre prouve que la France est connue et le ministère jugé. »   (*Constitutionnel du 2 octobre.*)

« Le ministère actuel est national! On est presque tenté de se borner à sourire de pitié en écoutant
un pareil langage. Quoi! il resterait un seul partisan
dans la nation à ce ministère qui, depuis trois ans, a
menacé, compromis toutes les existences, qui, depuis
trois ans, s'est appliqué à étendre sur toute la surface
de la France son système de duplicité et de corruption!
Il serait national, le ministère qui a persécuté toutes
les opinions, qui a destitué tout le monde, et qui a
voulu imposer des lois et des croyances aux consciences même des citoyens! Il serait national, le ministère qui frappait le fils pour menacer le père; qui,

sans jugement légal, flétrit, bannit, charge de fers
des hommes nés Français; qui attache les écrivains
aux mains des galériens, et qui enfin, pour couron-
ner l'œuvre, a voulu étouffer les murmures des op-
primés et imposer silence aux plaintes des victimes.
C'est calomnier, c'est outrager la France que d'oser
lui parler ainsi. Le ministère national! On peut dire,
au contraire, et cela est rigoureusement vrai, qu'il
n'y a plus aujourd'hui en France d'anti-national que
le ministère. »   (*Constitut. du 8 octobre* 1824.)

On nous reproche d'avoir parlé de l'immoralité
des ministres; *le Constitutionnel* est-il moins accu-
sateur ?

« Le devoir de toutes les opinions est donc de con-
tinuer à poursuivre cette perversité politique avec
laquelle un ministère a essayé de gouverner la France,
en étouffant en elle le sentiment et la vie. Il ne reste
à ce ministère qu'un moyen de défense bien usé; c'est
de dire aux uns : Vous êtes des révolutionnaires; et
aux autres : Vous êtes des intérêts individuels soule-
vés. Ce mensonge est déjà pénétré de tout le monde,
et une terrible unanimité lui prouve que 'c'est une
indignation universelle, indépendante des opinions,
des partis, des intérêts même, qui a éclaté contre lui
et *contre l'immoralité* corruptrice de son système.
C'est parce qu'il a blessé des sentimens communs
chez tous les hommes de tous les partis, qu'un même
cri s'est élevé contre lui. L'unanimité prouve qu'on
a attaqué des sentimens généraux, et il n'y a de tels

que les sentimens d'honneur, de morale universelle ; un pouvoir qui a pu y manquer jusqu'à être dénoncé par tous les partis, est jugé, et il n'a plus qu'à expirer devant la réprobation publique.   (*Id. du* 21.)

Ce qui va suivre est relatif au fameux considérant de l'ordonnance de censure.

« Une ordonnance fondée sur une calomnie ministérielle ! quel attentat à la morale publique, quel mépris de l'opinion, quelle dégradation du pouvoir ! On consulterait en vain les annales administratives de la France pour y trouver l'exemple d'un pareil scandale. Ce scandale était réservé à des hommes qui ont avoué hautement que la corruption était une partie de leur système ; qu'ils avaient le droit de commander aux consciences ; et *que l'instabilité devait descendre*, selon leur bon plaisir, *tous les degrés de l'échelle sociale :* pensée odieuse exprimée en langage barbare. »   (*Const. du* 3 *octobre* 1824.)

« Mes lettres ont été brusquement interrompues par l'ordonnance *ab irato* qui vous a mis aux arrêts forcés avec toute la France. Mon but, vous le savez, était de vous parler un peu des départemens, où l'on jouit de beaucoup moins de liberté que dans la capitale, et où *débordent* les abus qui prennent leur source au grand *réservoir ministériel.* L'oppression qui glisse à Paris sur les masses, pèse de tout son poids dans les provinces sur les individus. Un ministre, quelqu'altier, quelque brutal qu'il soit, n'effraie pas chez vous le moindre salon. »

Voici ce que dit le journaliste sur la destitution
de M. Legendre : Vous conviendrez que l'*antre des
destitutions* vaut bien l'*antre ministériel.*

« Ainsi un vieillard est dépouillé parce qu'en donnant sa voix, il a obéi aux inspirations de sa conscience et non aux ordres d'un commis; il se plaint,
et le commis lui fait entendre, par l'organe des journaux à ses gages, que cette plainte a rendu tous les
cœurs ministériels inaccessibles à la compassion. Et
pour justifier cette criante iniquité, on parle de
bruits nés dans *l'antre des destitutions;* on n'ose garantir la vérité des faits, mais on les rapporte; et,
à l'exemple de jurés trop fameux, joignant la déri-
sion à l'iniquité, on dit que, *si le fait est constant,*
c'est agir dans l'intérêt du malheureux vieillard
qu'on dépouille, que de cesser de lui donner, en lui
payant sa pension, l'effigie d'un Roi empreinte sur
la monnaie de France. Et de pareils outrages à la
pudeur publique pourraient se prolonger long-temps
encore ! Non, non; le règne des lois et de la loyauté
a commencé, celui des ministres va finir. »

(*Constitutionnel du* 16 *octobre.*)

« Il était temps : les armes d'*Achille* allaient, de
Thersistes en Thersistes, tomber aux mains d'un
ennemi intérieur, redoutable à tout le monde, pour
être livrées peut-être à des mains étrangères. Alors,
les risibles vainqueurs des libertés publiques n'auraient remporté la victoire ni pour eux, ni pour la
couronne. Mauvais maîtres, ils sont encore mauvais

serviteurs. Ils ont, autant qu'il était en eux, entouré de jésuites la famille de Henri IV et de Louis XIV. Sujets infidèles non moins que traîtres citoyens, il n'a pas tenu à eux de placer le trône au-dessous de la tiare, et le peuple aux pieds de la sainte-alliance. Sous le canon des monarchies absolues, et en présence de la milice de Rome, ils ont désarmé la France de ses institutions, et, autant qu'ils le pouvaient, de son patriotisme et de son énergie.

» Depuis long-temps la France méconnue, calomniée, était la proie d'une administration mesquine, turbulente, injuste, cruelle, odieuse; tous les petits Machiavel qui l'exploitaient, osaient prétendre que, pour la gouverner, il fallait la corrompre, la tromper et la tyranniser. » (*Const. du* 6 *oct.* 1824.)

Afin de compléter les citations extraites de ce journal, je vais transcrire ici un article inséré dans un de ses derniers Numéros, et divers passages de la lettre de M. Châteaubriant à un pair de France.

« Quand verrons-nous enfin arriver les successeurs de MM. de Villèle, Corbière, Peyronnet et compagnie? Telle est la question qu'on s'adresse réciproquement aujourd'hui dans les salons de toutes les couleurs, dans les réunions de toutes les nuances, dans les lieux publics, à la Bourse, aux spectacles, partout.

» Cela veut dire : quand aurons-nous à la tête du conseil un homme d'état, un financier habile, qui mette la loyauté à la place de la ruse, la franchise à la place de la duplicité, et qui, prenant Sully pour guide, au lieu de prendre Fouquet pour modèle, ne prodigue pas l'or et les sueurs des contribuables à faire élever de somptueux et magnifiques palais, afin d'aller y apprendre plus commodément à torturer la charte et à manœuvrer plus à l'aise pour en faire un cheval à toute selle ?

» Quand serons-nous délivrés du ministère ? cela veut dire ; quand aurons-nous, pour diriger la politique et les affaires intérieures de la France, un administrateur qui encourage l'industrie au lieu d'encourager les congrégations; qui aime les beaux-arts et les sciences, au lieu d'affecter un superbe mépris, qui ne retombe que sur lui, pour les artistes et les savans; cela veut dire : quand aurons-nous une police qui protège les citoyens au lieu de les dénoncer; qui soit dévouée aux intérêts de la morale et de la monarchie constitutionnelle, au lieu d'être l'instrument perfide et cruel du jésuitisme, qui a fait poignarder le meilleur des rois; cela veut dire ; quand aurons-nous un ministre qui ait de l'urbanité, des manières affables, des sentimens généreux, des lumières protectrices, et qui, veillant sur nos lois fondamentales, au lieu d'en faire l'objet d'ignobles railleries, trouve le temps de signer autre chose que des destitutions et des persécutions ?

» Quand serons-nous délivrés du ministère ? cela veut dire : quand verrons-nous à la tête de l'administration de la justice un magistrat dont les antécé-

dens aient mérité la considération publique, dont la
conduite et les actions honorables aient conquis l'estime et le respect des citoyens; un magistrat qui ne
substitue pas les passions de la haine et de la vengeance à l'impassibilité de la justice; un magistrat
qui honore les juges intègres sans les destituer, qui
n'ait pas l'inconcevable prétention d'organiser en
régiment dont il serait le colonel, le corps vénérable de la magistrature, pour traiter chacun de ses
membres, non pas seulement en soldats, mais en
manœuvres et en valets; un magistrat digne de revêtir la toge des d'Aguesseau et des Malesherbes, et
qui, surveillant austère de la stabilité de nos institutions et de nos droits, ne veuille pas faire descendre l'instabilité dans tous les degrés de l'échelle sociale, en outrageant sans cesse les intérêts de la morale, pour se dévouer tout entier à la morale des
intérêts. »

La *Lettre à un pair de France*, par M. le vi-
comte de Châteaubriand, est un coup mortel porté
au ministère. Tous les sophismes qui sont allégués en
sa faveur s'y trouvent détruits par des raisonnemens
sans réplique. M. de Châteaubriand explique fort
bien le caractère de l'opposition; c'est un sentiment
général de répulsion pour des hommes inhabiles et
corrupteurs, prêts à tout sacrifier à leur ambition
personnelle, tout jusqu'à la dignité de la couronne
et à l'honneur de la nation.

« Ajoutez, dit le noble pair, que le sentiment des

magistrats, blessés dans leur indépendance, se réunit à l'opinion générale, et que la chambre des pairs met comme le sceau à l'opposition de la magistrature et de la politique. »

« La puissance ministérielle, dit le noble pair, il faut qu'elle en convienne, s'est portée elle-même de rudes coups. On n'a point oublié, on n'oubliera jamais les circulaires électorales, le système de captation avoué du haut de la tribune, la violence chargée d'achever l'ouvrage de la ruse, l'attaque directe aux tribunaux et aux libertés publiques, la censure venant, comme une espèce de banqueroute, solder l'arriéré des brocanteurs de consciences, et réduisant de force au silence des écrivains qu'on n'avait plus besoin de payer pour les faire parler ou se taire. On n'efface point de pareils souvenirs. Le pouvoir tiré de la corruption ne ressemble point à l'or de Vespasien; il retient toujours quelque chose de son origine. »

« Que l'on recherche, si l'on peut, s'écrie M. de Châteaubriand, ce que deviendrait un peuple dont les institutions seraient entièrement perverties; ce que deviendrait un gouvernement prétendu représentatif dont l'opinion ne serait plus le principal ressort; un gouvernement qui n'aurait plus d'affinités avec ses propres élémens, et qui mentirait à toutes ses doctrines. Que serait-ce que deux chambres législatives passées au service d'un ministère contempteur de la liberté, qui ne seraient plus que

des machines d'oppression, battant monnaie, for-
geant des conscrits, et imprimant des lois pour des
esclaves appelés constitutionnels.? »

(*Lettre de M. de Châteaubriand.*)

Après *le Constitutionnel,* je vais copier le *Journal
des Débats* :

«Le ministère est aujourd'hui privé de ce qui faisait
naguère le principe même de son existence politique.
*Censurer, destituer, corrompre, toute sa politique se
réduisait à ces trois mots;* cet esprit anti-français et
anti-monarchique, ce machiavélisme, avaient exas-
péré les hommes loyaux et sincères de toutes les
opinions. De là, cette violence, cette acrimonie,
cette exaltation du désespoir qui commençait à per-
cer dans les opinions. Quand la médiocrité, plas-
tronée de la censure, insultait, outrageait, dénonçait
tous les royalistes indépendans et incorruptibles, la
colère était inséparable du sentiment de l'honneur.»

» *Ses moyens favoris excluent toute idée de grandeur. Ses combinaisons n'ont rien d'élevé, ou, si quelquefois elles s'étendent, c'est pour s'affaiblir en se dé-
veloppant; son esprit, en un mot, ne tient pas du génie;
nous aurions un reproche plus grave encore à lui faire:
sa politique manque de conscience.* »

(Journal des Débats du 9 octobre 1824.)

Le journaliste monarchique dit aux ministres :
« Si vous aviez été dignes de comprendre cette gé-
néreuse impulsion, vous vous seriez épargné ces
misérables circulaires qui, même dans le but que

vous vous proposiez, ont fait plus de mal que de
bien; vous ne seriez point descendus à toutes les
ignominies qui ont blessé l'esprit des royalistes.
Notre parti est un parti d'honneur, nous n'aimons
point à combattre dans les ténèbres, à triompher par
la ruse et la déception. Nous serons toujours les
Français de *François* Ier; et, quand on songe que
toutes ces misères n'étaient pas nécessaires, qu'elles
n'ont abouti qu'à décolorer la victoire, il n'est pas
étonnant que les royalistes vous en témoignent
quelque humeur, et que, dans leur dépit, ils s'é-
crient: Non, ces hommes-là ne sont pas dignes d'être
les ministres du plus loyal et du plus sincère de tous
les Rois! »   (*J. des Débats du* 23 *octobre* 1824.)

« Mais ce qui est funeste, ce qui ne se réparera pas,
c'est d'avoir ici, comme dans les élections, comme
dans le marché Ouvrard, corrompu une foule
d'hommes restés purs jusqu'à ce moment, d'avoir
tout dégradé, tout avili........ réduits à la violence
pour faire taire l'opinion qui les repousse, à la corruption pour remplacer la confiance qu'ils ont per-
due, les auteurs de pareils attentats se débattent en
vain, leurs efforts compromettent le pouvoir. »

(*Journal des Débats du* 10 *octobre* 1824.)

« Un journal ministériel s'adresse à lui-même quelques questions; il les résout, et c'est tout simple, en
l'honneur de ses patrons et à la plus grande confusion de ses adversaires. Mais un moment: avant
de chanter victoire, il faut avoir vaincu; heureusement nous n'en sommes pas là.

« Hé quoi! nous dit-on, c'est quand toutes les
» paroles d'un Roi chevalier respirent et recom-
» mandent la sagesse, la réconciliation, l'amour de
» l'ordre et de la justice, que des écrivains pas-
» sionnés sèment la discorde et entreprennent *une*
» *croisade révolutionnaire* contre ce qui est établi!! »

Contre ce qui est établi! oh! vraiment, l'artifice
est trop grossier : qui prétendez-vous attraper par de
pareilles assertions? *Ce qui est établi en France, et ce*
qui, grâce à Dieu, résistera à l'impéritie, à l'inca-
pacité ministérielle, c'est la légitimité, c'est le gou-
vernement du Roi appuyé sur les admirables institu-
tions que nous devons à la sagesse de Louis XVIII.

(Journal des Débats, du 20 octobre 1824.)

Sans doute si l'on peut écrire à Paris contre
le ministère, on le peut aussi dans les départemens, car tous les Français soumis aux mêmes
charges, doivent aussi participer aux mêmes
droits.

Voilà, Messieurs, ce que nous avions à dire
pour nous justifier envers les ministres, car je
ne m'occuperai point du reproche de *présomp-*
tion, expression bien douce après celle d'immoralité. J'ai démontré que le mot gouvernement du Roi n'impliquait pas le ministère exclusivement, mais toute la machine du gouvernement représentatif. Or, comme nous n'avons
attaqué ni les institutions, ni les pouvoirs créés
par la Charte, ni l'ensemble de l'administration,

mais seulement MM. les ministres, dont les actes sont soumis à la censure, par une disposition particulière de la loi invoquée contre nous, il est évident que nous n'avons pas provoqué à la haine ou au mépris du gouvernement du Roi. J'ai démontré en second lieu que les reproches que nous avons adressés aux ministres ne sortent pas du domaine de la critique légale; et enfin, j'ai appuyé cette dernière assertion de l'exemple de plusieurs journaux qui, sous les yeux même du gouvernement, dirigent contre la personne et les actes ministériels des armes non moins offensives que celles dont nous avons fait usage.

Je vais maintenant répondre à l'accusation d'avoir excité à la haine ou au mépris d'une ou plusieurs classes.

La loi du 25 mars 1822, s'exprime ainsi sur ce sujet :

« Quiconque par l'un des moyens énoncés en l'article 1er. de la loi du 17 mai 1819 aura cherché à troubler la paix publique, en excitant à la haine ou au mépris d'une ou plusieurs classes de personnes, sera puni des peines portées en l'article précédent. »

Je dois appeler d'abord votre attention sur les mots, aura cherché à troubler la paix publique; d'où il suit qu'il faut que les attaques, dirigées contre une classe, soient de nature à troubler la paix publique, c'est-à-dire à amener entre les citoyens des rixes, ou des discussions violentes accompagnées de voies de fait.

Or, Messieurs, si l'auteur de la lettre incriminée avait eu l'intention de produire ce résultat, il aurait bien mal réussi, car la publication de cet écrit n'a pas, que je sache, causé le plus léger débat ni la plus petite égratignure. A-t-on vu des groupes menaçans se former et se porter avec violence au domicile des personnes que l'on nous accuse d'avoir dénoncées à la fureur populaire? Des cris séditieux ont-ils été proférés? et l'on ne peut pas alléguer ici que la saisie ait arrêté les effets du poison, car elle n'a été opérée que lorsque la distribution avait été consommée et que chacun avait pu s'abreuver à loisir du venin que l'article contenait. Si, comme l'a dit le plus sage de tous les législateurs, il faut juger l'arbre d'après le fruit, celui-ci ne devait pas être si vénéneux, puisque la paix publique n'a été aucunement troublée sur aucun des points où pénètre le journal incriminé.

Si l'auteur de la lettre avait eu le coupable projet d'exciter à la discorde, il aurait bien mal choisi son temps et son terrain. Quoi! c'est lorsque la voix amie du souverain invite tous les Français à se réunir, à oublier leurs longues divisions et que de toutes parts on s'empresse d'accéder à ce vœu digne d'un petit-fils de Henri IV,

c'est alors que l'on chercherait à pousser les citoyens à s'armer les uns contre les autres? Cette
conduite serait encore plus insensée que coupable.

Croira-t-on davantage que celui qui couvait
ce noir dessein ait choisi la population de l'Auvergne, qui fut toujours amie de la paix, qui,
dans les temps les plus désastreux, se maintint pure
de tous les excès; croira-t-on, dis-je, que ce
soit au milieu de cette population dévouée au
Roi et aux institutions qu'il nous a données,
qu'un ennemi de l'ordre public aurait de pré-
férence jeté le brandon de la discorde entre des
classes, qui vivent paisiblement sous la protection égale de la loi? Non, Messieurs, vous ne
pourrez le croire, et si l'auteur de la lettre avait
commis cette insigne folie, c'est aux petites mai-
sons et non devant les tribunaux qu'il faudrait
l'envoyer.

Cette disposition de la loi du 25 mars 1822,
qui protège les classes contre les injures qui
pourraient les désigner à la haine ou au mépris,
n'a jamais été appliquée, que je sache, depuis
son établissement. Et pourtant, depuis deux ans,
royalistes et libéraux, opposants et ministériels,
ont continué, comme par le passé, de parler
des classifications sociales, en bien comme en
mal. Ainsi, si, d'un côté, on attribue à l'influence de la démocratie tous les fléaux qui dé-

solent les états, de l'autre, on dit que l'aristocratie amasse les révolutions par son esprit
d'envahissement et de domination. Et je ne sais,
en vérité, sur quoi porterait la polémique des
journaux et de la tribune, si ces abstractions
générales, qui groupent une foule de personnes
et de faits isolés, étaient soustraites à son domaine. Telle n'a pas été la pensée du lég islateur.
Il est clair que, par cette disposition, il a voulu
pourvoir au maintien de l'ordre public, prévenir,
comme j'ai eu l'honneur de vous le faire observer,
les rixes et les discussions violentes; mais, du
reste, il n'a pu vouloir empêcher cette controverse qui roule sur les intérêts et les opinions
présumées d'une classe d'individus.

Messieurs, il est nécessaire de bien fixer nos
idées sur cette expression, *aristocratie*. L'aristocratie n'est point une classe dans l'état. Par ce
mot on entend une forme de gouvernement qui
concentre le pouvoir et les richesses entre les
mains de quelques familles. L'aristocratie est le
gouvernement de quelques-uns, comme la démocratie est celui d'un plus grand nombre.

Attaquer l'aristocratie, ce n'est donc point faire
une injure à une classe de citoyens, mais critiquer
un système de gouvernement en opposition avec la
Charte; c'est signaler l'envahissement de certains
intérêts et de certaines prétentions inconstitution-
nelles; car, Messieurs, vous ne l'ignorez point, le

système représentatif consiste dans la pondération des pouvoirs ; et si l'un d'eux s'accroit aux dépens de l'autre, l'équilibre est rompu, et ce mode politique conséquémment faussé,

Le mot d'aristocratie n'est écrit ni dans la Charte ni dans aucun de nos codes ; l'aristocratie se prend, même aujourd'hui, comme synonime de supériorité sociale : c'est dans ce sens que l'on dit communément l'aristocratie des richesses, et même l'aristocratie du talent qui en vaut bien un autre. Il est évident que l'auteur du passage incriminé, n'a parlé de l'aristocratie que comme d'un principe, comme d'un élément social, et c'est sous ce dernier rapport qu'il a pu dire que cet élément avait fait des progrès effrayans sous le dernier règne. Il est permis à un citoyen de s'effrayer d'un développement qu'il considère comme pouvant briser la forme du gouvernement établi.

Qu'il y ait quelques partisans de bonne foi d'une aristocratie exclusive, c'est ce dont on ne saurait douter. Ce sont ces gens fort estimables d'ailleurs par leurs qualités privées, dont l'auteur de la lettre a dit qu'ils ne voient dans l'Etat que *seigneuries, gouvernemens et intendances;* ce sont ces gens, comme on en trouve encore dans nos campagnes, et quelquefois même dans les villes, qui se parent de dénominations abolies, qui, dans des actes publics, prennent le titre de hauts et puissans seigneurs, quoiqu'il n'y ait point de seigneuries; qui, à l'église, occupent le banc d'honneur, où ils ne seraient pas fâchés d'être encensés comme autrefois; ce sont ces mêmes hommes qui demandent le bouleversement du système municipal et des tribunaux de paix, pour reprendre, sous le titre de maire, ou de juge de paix, l'influence qu'ils exerçaient sous l'ancien régime.

Toutes ces prétentions sont contraires à l'article de la Charte, qui proclame l'égalité de tous les Français devant la loi, et il est du devoir de l'opposition de les faire connaître au trône comme à la nation.

A la vérité, il y a une noblesse légalement reconnue, mais elle est purement honorifique, et n'a rien de commun avec l'aristocratie qui ne se contente pas d'une valeur nominale, et qui implique des priviléges ou des avantages réels dans l'ordre social; cette distinction est essentielle et n'échappera point à votre discernement. Si l'auteur de la lettre avait attaqué la noblesse, il aurait provoqué à la haine ou au mépris d'une classe de personne; mais en dirigeant ses coups contre l'aristocratie, il n'a offensé que des intérêts et une tendance qu'il est utile de signaler. En s'élevant contre l'extension du principe aristocratique, on n'offense pas plus la noblesse, que l'on n'offenserait les marchands, les manufacturiers et les artistes, en disant que la démocratie fait des progrès effrayans et menace de tout envahir. Si la lettre incriminée porte que l'aristocratie ne voit que seigneuries, gouvernemens et intendances, cha-

que jour on dit, de la démocratie, qu'elle rêve le
système électif, appliqué dans toutes les branches
de l'administration, et que, si on la laissait faire,
elle finirait par introduire la république dans la
monarchie.

J'en ai dit assez sur ce sujet, et j'aurais, peut-
être, dû me borner à établir que l'aristocratie n'est
point une classe, et conséquemment qu'elle ne peut
être confondue avec la noblesse, dont l'existence
honorifique est sanctionnée par la loi fondamentale.

Quant à l'article relatif au clergé, j'avoue qu'il ne
saurait y avoir d'équivoque ; il s'agit seulement de
savoir si ce que l'article renferme, contre cette classe
de personnes, est de nature à troubler la paix publique, en provoquant les citoyens à le haïr ou le
mépriser. Voici la première phrase incriminée :

Le clergé, il est ce qu'il a toujours été. Je ne connais point l'art d'extraire le venin caché dans ce peu
de mots. Le clergé ne serait pas disposé, sans doute,
à répudier un passé dont il se glorifie et qu'il paraît
même regretter. Poursuivons :

Quoique le divin fondateur de la religion chré-
tienne ait dit que son royaume n'était pas de ce
monde, vous n'ignorez pas que plusieurs successeurs
des apôtres ont, de tout temps, cherché à s'im-
miscer dans le gouvernement temporel des Etats,
et qu'ils ont été jusqu'à s'arroger le droit de donner
et même d'ôter des couronnes, en vertu de la suprématie qu'ils n'ont cessé de revendiquer. Les deux

épées qui figurent dans les armoiries du chef de
l'église, indiquent assez que le Saint-Siége veut réunir les deux souverainetés. Que le gouvernement
spirituel se croie infiniment au-dessus du temporel,
c'est ce que tous nos historiens attestent, et nos annales
sont pleines des débats que ces querelles sur la suprématie des deux pouvoirs ont enfantées. Nos rois,
malgré leurs titres de fils aînés de l'église, ont toujours résisté à ces prétentions qui portaient atteinte
à la dignité de leur couronne, et il est à remarquer
que ce sont les plus pieux, et même les plus saints,
comme Saint-Louis par exemple, qui ont repoussé,
avec le plus de constance et de fermeté, les empié-
temens de l'autorité spirituelle.

Les parlemens ont toujours secondé, sous ce
rapport, la politique de nos Souverains. Leur
courageux refus d'admettre l'inquisition, et d'enregistrer certaines bulles qu'ils croyaient contraires
aux lois civiles, n'ont pas moins honoré leur
résistance, que leur refus d'enregistrer les édits
bursaux, dont l'avarice ou la prodigalité des
ministres voulait grever la nation.

Ils étaient religieux les Pasquier, les l'Hopital,
ı̨es Molé; et cependant ils ont toujours combattu
l'invasion du pouvoir temporel par l'autorité
ecclésiastique. C'est qu'il y a, évidemment, deux
personnes dans le prêtre : le ministre de l'évan-
gile, qui ne saurait être entouré de trop de
respect, et le membre d'une corporation puis-

sante, qu'il est de l'intérêt des états de surveiller; car la loi de toute corporation veut qu'elle cherche à gagner du terrain, à s'étendre et à se propager.

Le clergé a eu, autrefois, une existence politique, comme ordre de l'état. Il possédait, en outre, assez de propriétés pour être complètement indépendant de la puissance temporelle. Aux états généraux, il avait le pas sur la noblesse ; ce qui prouve qu'il se croyait, en effet, au dessus de tout autre corps. Pense-t-on que cet ordre de choses ne paraisse pas préférable à plusieurs membres du clergé actuel, à un système où ils sont assimilés à tous les fonctionnaires publics, qui reçoivent du trésor le salaire de leurs travaux ?

Ici les faits parlent de la manière la plus éclatante et la plus solennelle.

Personne n'ignore l'existence d'une secte mystique, qui, au dix-neuvième siècle, travaille à rétablir les institutions du douzième. Cette secte, d'abord ignorée, a fait des progrès assez rapides; elle a ses chefs, ses correspondances, ses écrivains et ses journaux. Il y a peu de jours, encore, qu'un journal royaliste signalait ainsi l'existence de cette mystérieuse association du pouvoir absolu et des doctrines ultramontaines, à l'occasion de l'arrestation d'un célèbre professeur.

« Le *Journal des Débats* signale courageusement à l'indignation de la France les manœuvres odieuses

dont M. Cousin a été victime ; nous répétons ici tex-
tuellement les paroles de ce journal :

» Voici une autre circonstance qui, sans justifier un acte aussi contraire au droit des gens, sem-
blerait en faire refluer le tort principal sur le mauvais esprit de quelque autorité française, ou plutôt
sur la faiblesse générale du ministère. Les lettres
d'Allemagne s'accordent à dire que c'est sur des
notes venues de Paris que la police fédérale germanique, ou la commission inquisitoriale de Mayence,
a dénoncé M. Cousin à la police prussienne comme
un conspirateur dangereux pour toute la fédération
germanique, et c'est en s'appuyant sur cette alléga-
tion que les autorités prussiennes ont obtenu la
permission du gouvernement saxon d'arrêter M.
Cousin au milieu d'un royaume censé indépendant
de la Prusse.

» Mais d'où seraient parties ces *notes* qui sui-
vaient si loyalement M. Cousin de Paris aux bords
du Rhin, et de Mayence aux rives de l'Elbe.

» Nous connaissons bien certains bureaux où l'on
respire une haine violente contre tout homme qui
pense, qui écrit, qui enseigne, et où l'on s'est ré-
joui de l'arrestation de M. Cousin ; mais il y a loin
de la pensée à l'action, surtout à une action aussi
hasardée que celle dont il s'agit.

» Donner à un Français un passeport patent et
envoyer sur sa route des insinuations secrètes pour
le faire arrêter, servir ainsi ouvertement une poli-

tique étrangère contre nos libertés légitimes et contre la Charte royale, ce sont des actes trop hardis pour ces bureaux mêmes, surtout depuis que la presse libre les surveille.

» Il est des voies plus sûres, des voies occultes pour persécuter, pour dénoncer des hommes qu'on veut présenter aux cabinets trompés et circonvenus comme des révolutionnaires et des conspirateurs. La secte du mysticisme politique, secte liée aujourd'hui aux intérêts du despotisme et aux doctrines ultramontaines, a un grand nombre d'affidés à Vienne, à Berlin et à Paris; elle est très-active à dénoncer; tout homme indépendant lui paraît un épouvantail; elle assiége les gouvernemens de ses délations; elle a des ramifications parmi des hommes revêtus d'une portion d'autorité. Une note secrète sortie du sein de cette *jacobinière du pouvoir absolu* est probablement la source de ce qui arrive à notre compatriote.

» Mais pourquoi les manœuvres d'une conjuration ennemie de toute liberté obtiennent-elles quelque succès? Pourquoi l'étranger ajoute-t-il foi à ces odieuses délations, particulièrement dirigées contre les écrivains, les publicistes français? Pourquoi la France est-elle toujours représentée dans les rapports de police étrangers (imprimés) comme un foyer de révolution et un centre de conspirations?

» Lisez les journaux ministériels du matin et du soir; comparez leurs déclamations et leurs doctrines

avec les déclamations et les doctrines de leurs amis
d'outre-Rhin , et vous sentirez que c'est le mauvais
esprit des écrits ministériels qui expose un Français paisible, innocent, estimable, à des outrages,
peut-être à des souffrances irréparables; car la santé
très-délabrée de M. Cousin a dû éprouver un choc
terrible par un traitement semblable. »

(*Journal des Débats*, *du* 7 *novembre.*)

Cette révélation est beaucoup plus alarmante
que tout ce que l'auteur de la lettre a dit sur le
clergé. Elle signale une alliance qui doit inspirer
plus d'inquiétudes que toutes les craintes que
l'Ami de la Charte a manifestées sur l'influence
du clergé.

Je vous disais que cette secte avait ses journaux et ses écrivains. Il en est un surtout dont
toutes les doctrines sont reçues comme autant
d'oracles. C'est l'auteur du *Livre du Pape* , c'est
ce gentilhomme ultramontain, qui, pendant toute
sa vie, a consacré ses talens à la défense des
principes oubliés depuis plusieurs siècles , et dont
les ouvrages , prônés par les affidés , et répandus
avec profusion , s'efforcent , après sa mort , de
faire de nouveaux prosélytes à la doctrine du
pouvoir absolu, placé sous la protection de la
cour de Rome. Dans le livre que je viens de vous
citer, tous les principes de notre droit public sont
renversés de fond en comble. La prééminence
de la thiare sur toutes les couronnes , y est dé-

battue et affirmée ; les libertés de l'église galli-
cane y sont attaquées sans aucun ménagement ;
enfin, Messieurs, le croirez-vous, notre illustre
compatriote, le grand Pascal, qui a prouvé les
vérités de la religion avec une raison si élevée,
y est traité comme un ennemi du christianisme ;
Bossuet, Massillon, tous ces pères de notre église,
sont presque des hérétiques aux yeux du gentilhomme piémontais.

Les mêmes doctrines sont publiquement pro-
fessées par M. de la Mennais et ses amis.

Il faut bien que ces prétentions, qui sont en
désaccord avec nos institutions actuelles et avec
les lois anciennes, existent ; il faut bien qu'elles
soient de nature à inspirer des alarmes pour
l'avenir, puisque des hommes, dont le dévoue-
ment au trône ne peut être suspect, les représentent aussi dans la voie des envahissemens. Je
ne vous parlerai pas des écrivains de l'opposition, qui, chaque jour, s'élèvent contre les
doctrines ultramontaines ; je vous citerai un écrivain qui a consacré et consacre encore toutes ses
veilles à la défense de la monarchie, M. de Montlosier, dont on peut ne pas partager les opinions politiques, mais qui honore l'Auvergne par
ses talens, sa loyauté, et ses efforts pour l'amélioration des arts et de l'agriculture. Cet écrivain
a, dans son dernier ouvrage, intitulé de *la
Monarchie française*, témoigné les plus vives in-

quiétudes sur la direction imprimée au clergé
actuel, et sur l'espèce de faveur que le gouvernement paraissait lui accorder. M. de Montlosier
n'a point dissimulé le danger que courait le pouvoir en favorisant un ordre d'idées incompatible
avec la dignité de la couronne et le maintien de
la paix intérieure. C'est le devoir d'un fidèle sujet
d'avertir le gouvernement quand il s'égare ; et
c'est ce que le noble écrivain a fait avec toute
la franchise de son caractère. Je vais vous faire
connaître quelques fragmens de cet ouvrage, et
vous verrez, en les comparant à ce que l'on
nous reproche envers le clergé, si ce que nous
allons vous lire n'exprime pas de plus vives inquiétudes.

« Des prêtres qui sont tout entiers aux choses du
ciel, inspireront sans doute le respect; mais des
prêtres que vous faites entrer dans les choses du
monde, qui voudront porter leur caractère de prêtre dans les intérêts civils, politiques et mercantiles;
des prêtres qu'on verra présider à des jeux et à des
études profanes, intercaler dans des leçons de géo-
graphie et de musique des préceptes religieux, ne
seront-ils pas peu à peu délustrés, déconsidérés,
finalement repoussés? Au milieu de tout un mouvement de lettres, de sciences, de commerce et d'industrie; au milieu de toute une agitation d'élection
et de corps électoraux, des missionnaires sont en-
voyés pour prêcher l'inanité des choses de ce monde.

Est-ce convenable ? Et cependant cela ne fuffit pas
Tandis que ceux-ci s'occupent à discipliner dans un
certain esprit la génération présente, d'autres sont
préparés en congrégation, à l'effet de s'emparer par
l'éducation, de la génération à venir. Tout cela se
trame hautement et franchement sous l'appui de
l'autorité mondaine. Je puis affirmer que, de cette
manière, on n'obtiendra, au lieu d'ordre et de paix,
que confusion et trouble. La religion, dites-vous,
est le ciment de la morale, le fondement du corps
social : c'est vrai ; mais, comme vous vous y prenez,
je vous préviens que vous n'aurez bientôt en France
ni religion, ni morale. » . . . .

« Si j'avais, comme homme d'état, à traiter ce
sujet dans ses conséquences éloignées, dans ses intérêts purement à venir, il me serait facile de montrer que, si la puissance politique peut se dispenser
de surveillance envers une religion frivole, telle que
plusieurs religions anciennes, occasion de fêtes et
d'amusemens, il n'en est pas de même aujourd'hui
du christianisme. Avec une religion qui pénètre aussi
avant dans le cœur, et qui saisit d'une manière si
puissante les pensées et les affections, si vous ne
faites une attention extrême à un ordre d'hommes
saints assurément, mais dont la sainteté est mélangée
d'une part dans les misères de l'humanité ; hommes
saints et séparés par la chasteté des faiblesses de la
chair, *caro infirma*, mais qui n'en sont que plus sus-
ceptibles peut-être de se livrer aux écarts de l'esprit,

spiritus promptus ; hommes saints, mais qui, n'ayant
point de famille, étrangers aux affections domesti-
ques, sont par là même un peu moins citoyens; qui
de plus, formant comme un peuple à part, dont le
souverain est en dehors, trouvent, dans tout cet ensemble de lois et d'institutions qui leur sont parti-
culières, une sorte de patrie hors de la patrie. Si,
dis-je, vous ne portez pas une attention extrême de
surveillance envers cet ordre d'hommes, vous pourrez les voir s'égarer peu à peu, dans leur zèle, d'une
manière dangereuse; vous pourrez voir les peuples
s'égarer à leur suite; confondant peu à peu ces ima-
ges de Dieu avec Dieu même, leur porter, au lieu
du respect qu'ils leur doivent, un culte qu'ils ne
leur doivent pas; vous pourrez voir non-seulement
la société entière, mais insensiblement la souverai-
neté elle-même tomber dans leurs mains. C'est ainsi
que l'épée de Charlemagne, toute fortement trem-
pée qu'elle était, finit par s'amollir, ou du moins par
devenir inutile dans les mains asservies de Louis-le-
Débonnaire et de Charles-le-Chauve. » . . . . . .

« Envahir la société, tel est le but non toujours
patemment avoué, patemment énoncé, mais toujours suivi et jamais abandonné. Pour le mettre à
exécution, deux prêtres, l'un et l'autre d'un grand
mérite, l'un et l'autre ayant droit par leurs talens,
ainsi que par leurs vertus, à nos respects, viennent
récemment, en opposition l'un de l'autre, de mar-
quer deux voies différentes. Celui-ci, comme Achille,

veut avec sa lance tout attaquer ouvertement et tout renverser : *dans les champs phrygiens, les effets feront foi ;* celui-ci, comme Ulysse, veut y mettre plus de ménagement. Tous les deux visent également, mais par des voies différentes, à saisir la société. »

. . . .

« L'introduction des prêtres dans la société, telle a été, sous l'ancien régime, une des principales causes de la décadence des opinions religieuses. On nous ramène aujourd'hui cette calamité ; y pense-t-on ?

» Je n'ai point à dissimuler que, sous cet ancien régime, j'ai été lié avec beaucoup de prêtres, soit mondains, soit attachés à des fonctions civiles ; plusieurs d'entr'eux dorment aujourd'hui dans la paix du tombeau. Leur souvenir m'est cher : c'étaient des hommes d'esprit, des hommes d'honneur ; mais, en vérité, ils n'étaient pas plus prêtres que moi. Des prêtres qu'on trouve sans cesse au milieu des jeux et des frivolités du monde ; d'autres qu'on voit figurer dans le conseil du Souverain, dans les cours judiciaires, dans l'enseignement des arts et des sciences, quelque talent qu'ils puissent avoir, parvinssent-ils à la célébrité qu'ont eue, dans leur temps, les abbés de Bernis et de Chaulieu ; parvinssent-ils même à celle des cardinaux de Mazarin, de Retz ou de Fleury, on peut les regarder comme ayant abdiqué le sacerdoce. Quel que soit, à d'autres égards, le mérite de ces hommes, on peut être sûr que chez eux le caractère sacré de prêtre est diversement altéré, dégradé, effacé. » . . . .

Enfin , Messieurs , faut-il vous citer un fait patent , un fait incontestable , un fait officiel ?

Vous le savez , M. Clermont-Tonnerre, pair de France, et archevêque de Toulouse, a publié une lettre pastorale qui renfermait plusieurs propositions contraires à la Charte constitutionnelle , et où il réclamait expressément le rétablissement de l'ancien régime en faveur du clergé.

Cette imprudente déclaration avait fait trop de bruit pour être étouffée dans un officieux silence. Appel comme d'abus fut interjeté par le conseil d'état, qui ordonna la suppression de la lettre pastorale de Monseigneur de Toulouse..

Voici, Messieurs, le texte de l'ordonnance du Roi :

Au château des Tuileries , le 10 Janvier 1824.

Louis, etc.

Nous nous sommes fait représenter une lettre pastorale de notre cousin le cardinal archevêque de Toulouse, en date du 15 octobre 1823 , imprimée dans la même ville, chez *Augustin Manavit ;*

Et nous avons considéré que s'il appartient aux évêques de notre royaume de nous demander les améliorations et les changemens qu'ils croyent utiles à la religion , ce n'est point par la voie des lettres pastorales qu'ils peuvent exercer ce droit, puisqu'elles ne sont adressées qu'aux fidèles de leur diocèse, et ne doivent avoir pour objet que de les instruire des devoirs religieux qui leur sont prescrits;

Que notre cousin le cardinal archevêque de Toulouse a publié, sous la forme d'une lettre pastorale, des propositions contraires au droit public et aux lois du royaume, aux prérogatives et à l'indépendance de notre couronne :

C'est pourquoi,

Sur le rapport de notre garde des sceaux, ministre secrétaire d'état au département de la justice,

De l'avis de notre Conseil d'état,

NOUS AVONS DÉCLARÉ et DÉCLARONS, ORDONNÉ et ORDONNONS ce qui qui suit :

ART. Ier Il y a abus dans la lettre pastorale de notre cousin le cardinal archevêque de Toulouse, imprimée dans la même ville, chez *Augustin Manavit* : en conséquence, ladite lettre est et demeurera supprimée.

2. Notre garde des sceaux, ministre secrétaire d'état au département de la justice, et notre ministre secrétaire d'état au département de l'intérieur, sont chargés, chacun en ce qui le concerne, de l'exécution de la présente ordonnance, qui sera insérée au Bulletin des lois.

Donné en notre château des Tuileries, le 10e jour du mois de Janvier, l'an de grâce 1824, et de notre règne le vingt-neuvième.

Signé LOUIS.

Par le Roi:

Le Garde des sceaux, Ministre Secrétaire d'état au département de la justice,

Signé Cte DE PEYRONNET.

Après un arrêt aussi solennel, peut-on soutenir que le retour et la menace d'envahissement des doctrines ultramontaines, est un vain épouvantail dont l'opposition se sert pour semer de fausses alarmes et exciter à la haine, ou au mépris du clergé?

Je n'ai pas besoin de vous rappeler que l'affaire n'en est pas demeurée là, et que, dans une seconde lettre adressée à la *Quotidienne*, le prélat, dont l'écrit avait été supprimé, ne s'est pas tenu pour battu; il a soutenu les propositions qu'il avait avancées dans sa lettre pastorale; et l'éditeur de la *Quotidienne* a été condamné pour le fait de cette insertion (1).

N'est-il pas permis de concevoir des craintes et des craintes sérieuses sur l'invasion des principes ultramontains, lorsqu'un prince de l'église, un pair de France, ose les propager d'une manière aussi publique? et n'est-il pas permis de les conserver, lorsqu'après une éclatante désapprobation, le même prélat persiste dans les opinions qui avaient excité une inquiétude générale?

Eh quoi! sous prétexte de provocation à la haine ou au mépris d'une classe, il serait prohibé de révéler au pouvoir des faits qui pourraient compromettre ses intérêts ou sa dignité? Eh quoi, si une classe de ci-

---

(1) L'éditeur responsable de *la Quotidienne*, pour avoir publié des propositions contraires à la dignité et à l'indépendance de la couronne, a été condamné à 30 *fr. d'amende*.

toyens conspirait contre la couronne, si elle cher-
chait à déposséder l'autorité royale elle-même, il
serait défendu de l'avertir et de lui révéler le com-
mencement de la conjuration?

Ce n'est jamais ouvertement, et les armes à la
main, que les corporations conspirent; c'est en s'em-
parant tout doucement des postes qui environnent
le pouvoir, c'est à la faveur de l'ombre et du temps,
qu'elles parviennent à l'accomplissement de leurs
desseins.

Loin de moi la pensée d'imputer à tout le clergé
de France des opinions et des projets qui n'appartiennent qu'à une partie de ses membres!

Mais les faits que je viens d'indiquer justifient l'assertion de l'auteur de la lettre. On lui reproche encore
d'avoir dit: *Il a sa milice et les consciences.* Est-ce là
une offense? Rien de plus naturel que de voir les consciences sous l'influence de ceux qui les dirigent. *Qu'on
le laisse faire, il grandira.* Qui peut en douter? Qu'on
laisse faire la démocratie, et elle grandira bien aussi.

Après avoir prétendu que, dans le système suivi
par le ministère, le peuple est parfaitement nul, et
que quelques citoyens restent seuls debout, la lettre
ajoute : *Ils savent bien que, sur plusieurs points, les
faiseurs en manteaux, en simarres, et même en chapeaux rabattus, s'agitent, négocient, débitent et vendent des consciences qui valent de l'or à force de ne
rien valoir.* Cette locution, les faiseurs en manteaux,
etc., indique que, dans l'opinion de l'auteur de la

lettre, il y a des fonctionnaires élevés, des ecclé-
siastiques et même des jésuites, puisqu'il faut les
nommer, qui s'agitent, négocient (jusque-là il n'y
a pas grand mal), débitent et vendent des consciences qui valent de l'or à force de ne rien valoir. C'est
là une inculpation contre quelques individus qui ne
sont aucunement désignés. Mais y a-t-il provocation
à la haine ou au mépris de plusieurs classes, comme
l'accusation l'a prétendu? Ce mot, les *faiseurs*, indique certains agens sans qualité reconnue, c'est-à-
dire, des intrigans, comme il s'en trouve sous tous
les régimes.

Il ne s'agit point ici d'une ou de plusieurs classes
de personnes; car tous ceux et même une grande
portion de ceux qui appartiennent aux professions
désignées, ne sont pas des *faiseurs*. C'est une attaque
dirigée contre quelques individus, attaque qui n'est
point générale, et qui devrait l'être pour caractériser le
délit de provocation à la haine ou au mépris d'une ou
de plusieurs classes. Pour être offensante envers les
classes, il faudrait que la lettre eût dit que tous ceux
ou du moins la majeure partie de ceux qui portaient
des manteaux, etc., débitaient et vendaient des
consciences qui valaient de l'or à force de ne rien
valoir. Il est certain qu'une conscience n'a de prix
qu'autant qu'elle n'a point été achetée. Au surplus,
l'idée, employée en cette citation, n'est pas neuve :
elle est de Montesquieu, qui l'a exprimée dans ses
Lettres persannes.

J'arrive au dernier paragraphe, accusé de renfermer, outre la provocation à la haine ou au mépris du clergé, le délit d'offense envers un ministre de la religion. Il est ainsi conçu :

Au milieu de ces graves circonstances, la Discorde en débauche a secoué ses torches sur le clergé parisien. D'antiques priviléges ont été invoqués, des questions de préséances ont été agitées, et l'archevêque s'est retiré dans sa tente avec les siens. Quelques jours avant, une résidence auguste avait failli devenir le théâtre des hauts faits du même personnage et de sa milice sacrée. Leurs armes étaient des croix, des bannières et des goupillons. Nouveaux Troyens, ils prétendaient au corps d'Achille : heureusement que dans ce risible combat, il n'a été répandu que de l'eau bénite.

Cet article renferme l'historique d'un fait dont il faut d'abord vérifier l'exactitude. J'examinerai ensuite si, par la manière dont elle est rapportée, l'éditeur de l'*Ami de la Charte* s'est rendu coupable, en premier lieu, d'offense envers le clergé, et, en second lieu, contre la personne de Mgr l'archevêque de Paris.

Il n'est pas possible de révoquer en doute l'absence du clergé parisien aux obsèques du feu Roi, et il n'est pas probable que le bruit n'en soit pas venu jusqu'à vous. *L'Ami de la Religion et du Roi* a confirmé ce fait dans un article où il disait que c'était par l'effet d'une méprise que Mgr l'archevêque de Paris et son clergé n'avaient point escorté la pompe funèbre. Il est vraisemblable que ce journal

6 *

aura voulu pallier le véritable motif de cette absence
si étrange. Quoi qu'il en soit, le bruit a couru généralement que c'était pour une question de préséance,
ainsi que l'auteur de la lettre l'annonce, que le clergé
de Paris n'avait point assisté au convoi, où l'on n'a-
vait vu figurer, avec étonnement, que les quatre
aumôniers de la cour. Ce bruit avait acquis assez de
consistance pour mériter d'être rapporté, quand ce
n'eût été que pour fournir une occasion de le réfuter

. L'éclatante protection que le feu Roi avait toujours accordée à la religion et à ses ministres; la courageuse résignation qu'il a déployée dans cette dernière et pénible lutte d'une vie si agitée; la piété
fervente et sincère dont il a donné des preuves non
équivoques jusqu'à son dernier soupir, tout devait
faire désirer que le clergé eût accompagné sa royale
dépouille dans le dernier asile des Souverains. J'in-
siste sur l'exactitude du fait de l'absence du clergé
aux funérailles du feu Roi, parce que sa vérité reconnue diminue de beaucoup la gravité de l'accusation.

Je vais vous citer deux journaux d'opinions bien
opposées, qui, tout en différant sur les motifs, s'accordent du moins sur le fait.

Voici comme s'exprime *l'Ami de la Religion et
du Roi :*

« On s'est étonné avec raison de l'absence du
clergé au transport du corps du feu Roi de Paris à
Saint-Denis, le 23 septembre. Chacun en a parlé à

sa manière, et a cru en trouver les motifs dans des circonstances tout-à-fait étrangères à cette occasion; on est allé jusqu'à blâmer le clergé de Paris et son respectable chef. Ce n'est pas le premier exemple de jugemens téméraires fondés sur l'ignorance ou la prévention. Un seul mot suffira pour faire tomber les bruits qui ont pu circuler à cet égard; nous nous sommes assurés de la véritable cause de l'absence du clergé; c'est un simple malentendu dans l'ordonnance du convoi et dans la transmission des invitations; ce malentendu a fait que l'avertissement qui avait été donné pour l'assistance du clergé n'est point parvenu à l'archevêché. Le clergé de Paris ne pouvait prendre place dans le cortége sans y être appelé, et, et s'il l'eût été, il n'aurait assurément pas manqué de remplir un devoir aussi sacré pour le cœur que pour la conscience. » *(L'Ami de la Religion et du Roi.)*

Le *Courrier Français* est plus positif.

« *Aux funérailles du feu roi*, une question de préséance ou tout autre motif, dont il est inutile d'entretenir le public, puisqu'on n'a pas jugé à propos de l'en instruire, empêcha le clergé de se trouver à la place qui lui avait été assignée dans le convoi. Eh bien! a-t-on employé l'autorité pour triompher de ces obstacles? la marche du cortége a-t-elle été retardée ou interrompue? le convoi en a-t-il moins offert une pompe imposante et un profond recueillement? Pourquoi donc des particuliers se montre-raient-ils plus exigeans que la cour. »

(*Courrier Français du 20 octobre.*)

Assurément, si le fait rapporté eût été controuvé, le ministère public aurait sévi contre ce journal, ou, tout au moins, les feuilles ministérielles auraient démenti cette assertion erronnée.

Au surplus, qu'a-t-on dit de si injurieux pour le clergé parisien, et qui fût susceptible de le dévouer à la haine ou au mépris public? A-t-on élevé des doutes sur la sincérité de sa croyance et sur un coupable oubli de ses devoirs? Lui a-t-on reproché le dérèglement de sa conduite et le relâchement de ses mœurs? L'a-t-on accusé de simonie, même d'hypocrisie? Alors, sans doute, il y aurait eu provocation à la haine et au mépris d'une classe de personnes; mais ses sentimens, ses croyances, ses mœurs ont été respectées. On s'est élevé seulement contre une absence qui a affligé toutes les âmes pieuses; on a parlé de débats sur la préséance; on a blâmé sans doute la conduite du clergé dans cette circonstance; mais blâmer n'est pas chercher à troubler la paix publique, et à déverser le mépris sur une classe de personnes. Eh! Messieurs, si tous les peintres des mœurs du temps passé vivaient de nos jours, ils devraient aussi être traduits devant la police correctionnelle, et Pascal, Labruyère, Molière, Boileau et Massillon, étonnés de se trouver réunis sur ce banc, auraient à se justifier de ce qu'ils ont avancé, dans leurs ouvrages immortels, contre les jésuites, les courtisans, les faux dévots, les femmes , les médecins et les adulateurs.

La satire du vice ne serait plus possible si elle ne pouvait être généralisée, et le poëte comique et le critique des mœurs devraient briser leurs crayons ou leurs pinceaux, de peur d'offenser une classe d'individus protégée par la loi.

Si des sarcasmes plus ou moins légers, si quelque métaphore un peu hardie suffisaient pour caractériser le délit de provocation à la haine ou au mépris d'une classe, sur quoi l'écrivain pourrait-il exercer sa plume ?.

Non, Messieurs, cette disposition de la loi n'a été mise entre les mains des magistrats que pour les cas extrêmes et d'une gravité incontestable. Que lorsque des fermens de discorde s'agitent et s'allument dans la cité, le magistrat se montre sévère dans la répression des écrits qui pourraient exciter les citoyens à tourner leurs armes contre eux-mêmes, tout est légal, tout est légitime pour prévenir l'horrible libation du sang humain, et surtout du sang fraternel. Mais, lorsque tout est tranquille, lorsque, selon l'heureuse expression du Roi prophète, chacun n'aspire qu'à vivre en paix à l'ombre de sa vigne et de son figuier; lorsqu'un beau règne commence comme l'aurore d'un beau jour, viendra-t-il s'armer du glaive de la loi pour punir quelques traits plus ou moins malicieux, qui ne portent point sur la religion elle-même, mais sur la vanité de l'esprit de corps ?

Messieurs, l'écrivain monarchique dont je vous ai cité plusieurs fragmens, a, dans presque tous ses ouvrages, traité avec assez d'irrévérence la classe moyenne, qui est une classe tout comme une autre. La bourgeoisie est le texte continuel de ses railleries; M. le comte ne trouve rien de plus plaisant que des avocats, des médecins, des industriels, tous gens qui ne sont pas nobles, qui se figurent cependant qu'avec de la probité et du talent, ils peuvent arriver aux premières dignités de l'état. Le noble écrivain parle avec beaucoup plus de licence du martinet, de l'atelier et de la bobine, que nous n'avons parlé des manteaux, des simarres et des surplis.

Les classes attaquées n'ont point réclamé contre les sarcasmes dont elles étaient l'objet, et le ministère public n'a pas cru devoir prendre leur défense.

Et nous, parce que nous avons rappelé quelques-unes des plaisanteries du Lutrin; parce que nous avons fait figurer, dans une métaphore, quelques signes des cérémonies du culte, sans toucher à la croyance, nous nous serions rendus coupables d'injure envers le clergé?

Attaquera-t-on ces expressions : *La discorde en débauche*, etc.? Boileau a dit, à l'occasion d'une dispute de préséance survenue entre un prélat et un chantre :

> Mais la discorde encor *toute noire de crimes*,
> Sortant des Cordeliers pour aller aux Minimes.

La discorde *toute noire de crimes* vaut bien au moins la discorde en débauche ; et remarquez que Boileau introduit la déesse dans l'enceinte même du couvent ; témoins ces autres deux vers :

> La discorde en entrant, qui voit la nappe mise,
> Admire un si bel ordre, et reconnaît l'église.

Dans une des dernières cérémonies, d'antiques privilèges ont été invoqués, des questions de préséance ont été agitées, et l'archevêque s'est retiré dans sa tente avec les siens. Ce qui veut dire, sans figure, que Monseigneur, en vertu d'un droit que je ne connais point, et qu'il ne m'appartient pas de discuter ici, exigeait les honneurs de la préséance à la cérémonie qui se préparait ; qu'elle lui a été refusée, et que Sa Grandeur est rentrée dans son palais épiscopal. Messieurs, la connaissance d'une querelle d'étiquette peut-elle porter atteinte à la considération dont le clergé parisien jouit à juste titre ? Les fidèles refuseront-ils de remplir leurs devoirs religieux, parce que ce même clergé n'a pas cru devoir abandonner ce qu'il regardait comme un droit inaliénable ?

Serait-ce cette expression : *L'archevêque s'est retiré dans sa tente avec les siens,* qui pourrait produire le fâcheux résultat de déconsidérer les ministres de la religion d'une grande cité ? Eh quoi ! Messieurs, vous nous condamneriez pour une métaphore, lorsque surtout il est certain qu'elle était, pour ainsi dire, amenée par le sujet, et que la position de l'archevêque avait une sorte d'apparence d'hostilité en ce moment?

Je ne m'appesantirai pas davantage sur quelques plaisanteries tout aussi peu offensives. En France, surtout, l'épigramme a toujours eu un sauf conduit; nos meilleurs rois l'ont tolérée. Henri IV, à qui un bon mot ne coûtait pas plus qu'une bonne action ou un trait de courage, souffrait gaîment les railleries dont il était l'objet. Louis XII, qui a reçu le beau surnom de père du peuple, assistait aux bouffonneries où souvent des traits piquans étaient dirigés contre l'avarice qu'on lui reprochait; et le bon roi disait en sortant : « J'aime mieux faire rire le peuple par mon avarice que si je le faisais pleurer par mes prodigalités. » Conçoit-on que, quelques traits malins irritent des hommes à qui le pardon des injures a toujours été si facile? Ne craindraient-ils point qu'un tel ressentiment ne donnât lieu de répéter avec le poëte :

Tantœ nè animis cœlestibus irœ?

Mais, non, Messieurs, ce serait faire injure au clergé, que de supposer qu'il ait conservé de l'aigreur contre les plaisanteries échappées à l'écrivain anonyme. S'il avait le malheur de se croire offensé, loin de provoquer son châtiment, il viendrait plutôt solliciter la grâce du coupable. Ce serait la seule vengeance que des prêtres, dont je respecte le caractère, voudraient se permettre; et c'est par cette conduite, vraiment évangélique, qu'ils acquerraient de nouveaux droits au respect et à l'estime de tous.

Ne vous le dissimulez pas, Messieurs, la sévérité, dont les magistrats s'armeraient pour punir quelques légères offenses faites aux ministres du culte, ne contribuerait point à ramener les incrédules, et à favoriser l'empire des idées religieuses. C'est dans la persuasion que leur puissance réside. Si le pouvoir avait l'air de protéger la religion par calcul, et d'en faire un instrument politique, ce serait le plus sûr moyen d'éloigner le plus grand nombre de ses divins préceptes; car notre esprit, dont la fierté fait la base, se révolte involontairement contre tout ce qui lui est imposé.

Ce n'est point par des jugemens rigoureux que la religion étendra chaque jour sa bienfaisante influence, c'est par la prédication de sa morale si pure, c'est par les exemples, donnés par le sacerdoce, que la croyance sera respectée, et les ministres des autels chéris et honorés.

J'ai examiné trois des chefs qui sont imputés à mon client, et j'arrive au quatrième, qui consiste dans l'attaque à la dignité royale, fait en la personne du feu Roi.

Ceci demande l'exposition de quelques principes généraux de notre droit public.

La loi a déclaré avec raison la personne du Souverain inviolable et sacrée. Cette inviolabilité cou-

vre tous ses actes, depuis l'instant où il s'est assis
sur le trône, jusqu'à celui où la mort vient le frapper : l'inviolabilité finit là, parce que dans ce moment elle passe à la personne de son successeur,
en vertu du vieil adage : *Le roi est mort, vive le roi !*
Le roi ne meurt jamais, il est vrai; c'est pour cela
qu'il ne peut y en avoir deux à la fois; et cependant, d'après la doctrine du ministère public, nous
aurions offensé deux souverains, bien que, dans le
fait et dans le droit, il ne puisse y en avoir qu'un seul.

On ne peut donc pas arguer de l'outrage fait à la
dignité royale de Charles X, dans la personne de
son frère, car la dignité royale du Roi régnant
n'est pas plus celle de son prédécesseur, que l'inviolabilité de Louis XVIII n'était celle de son successeur.

Mais on objecte : sera-t-il permis à un effronté
libelliste de venir distiller son fiel sur la cendre,
encore fumante, d'un prince généralement re-
gretté? Lui sera-t-il permis d'insulter au deuil de
ses augustes parens et à la douleur publique des
citoyens? Rassurez-vous, Messieurs, ce délit, car
c'en serait un, serait réprimé. Dans l'espèce, l'injure tomberait sous la classification des outrages à
la morale publique, délits prévus par la loi de 1819;
et, quoique ce grief ne nous soit point imputé,
nous n'avons pas moins à cœur de nous en discul-
per entièrement.

Il eût été bien extraordinaire que l'accusation se

fût emparée des éloges que nous avons faits au nouveau Roi, comme renfermant la critique de son
prédécesseur. C'eût été user trop largement de la sou-
ple élasticité des interprétations; mais, comme la
malveillance s'est plu à torturer chaque phrase, à
tordre, pour ainsi dire, chaque expression, pour
en faire dégoutter le fiel qu'elle y a supposé, je ne
dois pas négliger de répondre à ces allégations,
quelque vides de sens qu'elles soient d'ailleurs, et
quoiqu'elles n'aient point été répétées par le ministère public.

Nous avons dit : *Aujourd'hui un homme franc*
prend les rênes de l'état, ce qui signifie, si l'on en
croit les interprètes jurés de la délation, que son
prédécesseur ne l'était pas.

Et, Messieurs, si quelqu'un, dans cette occasion,
outrage la mémoire de Louis XVIII, ce sont ceux
qui, d'une qualité que l'on se plaît à louer dans
son successeur, ne craignent pas d'inférer qu'elle
manquait au Roi que la mort nous a ravi. Quoi!
parce que nous avons dit que Charles X était franc,
cela veut dire que Louis XVIII était dissimulé?
Cette logique est commode pour les passions; avec
elle, point de mot qui ne renferme, comme on dit,
un venin caché, et si caché, qu'il n'y a que quelques personnes exercées qui puissent l'apercevoir.
Eh quoi! si nous avions ajouté que Charles X veut
maintenir la Charte, qu'il veut encourager les arts,
l'industrie, on en aurait induit que, dans notre

pensée, le Roi son prédécesseur avait voulu dé-
truire son plus bel ouvrage, dépouiller nos musées,
et fermer les débouchés à nos manufactures. Messieurs, cette manière de raisonner a été foudroyée
par des talens bien supérieurs aux miens. C'est la
logique de la haine, la raison de l'esprit de parti,
qui n'ont jamais franchi le seuil de cette enceinte.

Je veux aller plus loin, et, adoptant pour un
moment une partie de l'interprétation dont j'ai eu
l'honneur de vous entretenir, je veux admettre que
l'auteur de la lettre aurait crû remarquer plus de
franchise dans le caractère de notre nouveau Monarque, serait-ce par là faire une injure au feu Roi?
Les mêmes qualités ne brillent pas avec le même
éclat chez tous les souverains : l'un se distingue par
son habileté dans les affaires politiques, l'autre
joint à cette capacité, des manières, et un caractère plus chevaleresque; l'un est guerrier comme
Louis XIV, l'autre législateur comme Louis XVIII.

Ainsi, Messieurs, nous n'avons point offensé la
mémoire du dernier Roi. L'auteur de la lettre a dit
tout simplement, et sans arrière-pensée : *aujour-
d'hui, un homme franc prend les rênes de l'État,*
ce qui ne peut, en aucun cas, être une injure, que
par une interprétation forcée, dont votre sagesse
fera justice. Revenons à la citation : *Nouveaux
Troyens, ils prétendaient au corps d'Achille.* Ici,
L'auteur de l'article incriminé raconte une anecdote,
dont il a déjà été question, et qui a sérieusement

affligé tous les amis de la monarchie et de la religion.
Ce qui est incriminé dans ce passage, c'est, j'ose à
peine le dire, cette expression *au corps d'Achille.*
J'avouerai qu'il était possible d'en trouver une plus
analogue aux qualités et aux vertus du Roi législateur, mais cette expression est loin d'être une injure. La gloire poétique d'Achille n'offre rien de
bas ou de comique à l'esprit. Remarquez surtout,
Messieurs, que cette qualification a été amenée par
la comparaison faite avec les Troyens : Achille est
pris ici comme puissance morale, c'est le courage
civil dont Louis XVIII a donné tant de preuves
dans sa longue et glorieuse carrière. Plus j'examine
ce passage, et moins j'y trouve un outrage à la morale publique, et moins encore une attaque à la
dignité royale.

Étrange population qui a fait la journée des bar-
ricades, s'est promenée processionnellement en che-
mise sous la ligue, a fêté la fédération, a dansé avec
les Tartares en 1814, *et se couvre d'un crêpe en* 1824.
Voilà une de ces réflexions philosophiques que les
observateurs des mœurs se sont toujours permises
sur l'inconstance du peuple. C'est l'hydre aux cent
têtes, dont parle le fabuliste, c'est ce vulgaire in-
constant, capricieux, bizarre, injuste, qui élève
des statues à ceux qu'il a proscrits, et frappe de
l'ostracisme ses idoles de la veille. Enfin, Messieurs,
ce vulgaire, dont les écrivains ont aussi besoin, a
été toujours fort maltraité par quelques-uns d'entre

eux; et ce n'est pas tout-à-fait sans raison. Il est
certain que le peuple, pris collectivement, fait
tour-à-tour le bien et le mal, selon que des passions
bonnes ou mauvaises, que des chefs vertueux ou
factieux le font mouvoir. C'est ce que l'auteur de la
lettre a exprimé d'une manière fort énergique dans
ce dernier paragraphe. S'il y a injure pour quelqu'un, elle réjaillit sur la population de Paris, et
non sur la personne du Roi régnant, ou de son
prédécesseur.

L'auteur de la lettre a voulu dire, et a dit, en
effet, que la population de cette grande cité s'était
portée successivement, et dans des circonstances
différentes, à des mouvemens dignes d'éloge ou de
blâme : ainsi, s'il lui reproche de s'être promenée
processionnellement sous la ligue, il croit devoir
l'approuver d'avoir fêté la fédération, journée qu'il
est permis de ne pas ranger parmi les jours néfastes
de la révolution. Tout est opposition et contraste
dans ce passage; nous allons en produire un nouvel
exemple : il est aisé de voir que l'auteur de l'article
n'approuve point la conduite de ceux qui se mêlèrent
aux danses des Tartares en 1814; mais il cite, en
opposition, une action louable, celle de prendre
le deuil du Monarque en 1824.

L'on nous répondra peut-être que ce qui précède détruit cette favorable interprétation. L'é-
crivain parle de salariés, d'espions, de femmes
coquettes, femmes perdues même, qui ont pris

le deuil. Eh! Messieurs, qui ne sait qu'en France, tout est une affaire de mode, et qu'à l'extérieur du moins, des gens fort peu estimables s'efforcent de ressembler aux honnêtes gens? Il est permis à l'écrivain d'en faire la remarque, surtout lorsqu'il a eu soin de prévenir qu'il ne conteste point la sincérité des regrets qu'une mort récente a dû occasionner dans les âmes honnêtes. Il n'est personne qui ne veuille se ranger dans cette dernière cathégorie, et certes il y a place pour tout le monde; tant pis pour ceux qui croiraient ne pas pouvoir y entrer.

L'intérêt personnel, la vanité se glissent partout, même dans les choses qui méritent le plus de respect, mais l'auteur de l'article n'a attaqué que les hypocrites,

> Que ces gens de qui l'âme, à l'intérêt soumise,
> Fait de son dévoûement métier et marchandise,

Or l'hypocrisie, de quelque voile qu'elle se couvre, a toujours été justiciable de la critique. L'écrivain n'a point blâmé la douleur sincère; il n'a improuvé au contraire que le faste qui la dépare. Ici, donc encore, vous n'avez point à punir d'outrage à la dignité royale, et je puis dire, en rétorquant l'argument du ministère public : point de loi violée, point de délit commis, point de peine encourue.

Il me reste, maintenant, à justifier mon client du plus grave de tous les reproches : de celui qui

pèse le plus sur son cœur oppressé. Vous avez deviné qu'il s'agit de l'offense envers la personne de S. M.

Certes, nous avons dû être surpris et affligés qu'une pareille énonciation ait été articulée. Quoi nous avons outragé la personne inviolable et sacrée de S. M., lorsque nous croyions au contraire lui accorder les éloges qui lui sont dus! Il faut de deux choses l'une, ou que nous soyons bien aveugles, ou que le microscope de l'accusation fasse découvrir des choses qui échappent à l'œille plus exercé.

S'il était vrai qu'une offense eût été commise envers cette personne auguste qui n'a pas besoin du voile de l'inviolabilité pour être universellement respectée, je ne viendrais point souiller le beau ministère que j'exerce, pour la première fois, en cherchant à justifier ce qui, comme à vous, me paraîtrait une sacrilège profanation. Je me contenterais d'alléguer l'ignorance de celui dont les intérêts me sont remis, en vouant au mépris et à la haine l'auteur de ce criminel attentat.

Mais, Messieurs, après avoir mûrement réfléchi sur le passage qui sert de prétexte à cette horrible accusation, je me suis convaincu qu'elle était tout-à-fait dénuée de fondement, et j'espère vous faire partager cette conviction qui appaisera singulièrement le mouvement involontaire qu'une semblable énonciation aurait pu soulever dans vos esprits.

Le passage qui a donné lieu à cette étrange accusation est ainsi conçu :

Aujourd'hui un homme franc prend les rênes de l'état. Le peuple étonné s'avance en hésitant ; il dit, regardez-moi, je règne pour vous ; il trouve moins de gendarmes, les sabres sont dans les fourreaux, les hallebardes qui allaient le frapper rudement, sont suspendues par une voix auguste, il se livre à la joie !

Le ministère public s'est arrêté à ces mots *en hésitant.* Il est juste, Messieurs, de lire toute la phrase, car il est évident qu'elle ne finit pas là, puisque même il n'y a pas le point de rigueur. Le sens n'est point achevé, il est incomplet ; il est donc juste et indispensable de poursuivre la lecture jusqu'à la conclusion de la phrase.

Messieurs, je vous le demande, après cette lecture, qu'est-ce qui vous a choqué dans ce fragment ? Serait-ce cette expression un *homme franc prend les rênes de l'état ?* Il semble, au premier aspect, que l'on aurait pu trouver une appellation plus respectueuse pour l'appliquer à la dignité du souverain ; mais en y réfléchissant, on se convainc que cette expression, qui d'abord peut sembler familière, ne manque ni de grandeur ni de majesté.

7*

Et d'abord, sur quoi fait-on porter l'inconvenance de l'expression, car ici évidemment il n'y a pas d'injure ? Serait-ce sur le substantif ou sur l'adjectif ? Serait-il irrespectueux de dire d'un roi qu'il est un homme ! Je ne sais si une semblable expression serait mal accueillie à l'*œil de bœuf*, mais à coup sûr l'histoire ne la juge pas de même, car elle a dit de plusieurs souverains : ce fut un roi honnête homme, ou ce fut un homme de bien, ou enfin, ce fut un grand homme. Quelle étrange chose ! une épithète ajoutée à la simple qualification d'homme, est l'apothéose que tous les peuples ont décerné aux législateurs les plus sages, aux rois les plus magnanimes, et l'on nous ferait un crime d'appeler un *homme franc*, un souverain héritier de ce prince si grand dans le malheur, qui disait que si la bonne foi était bannie de la terre, elle devait trouver un asyle dans le cœur des rois ?

Non, nous en avons la certitude, Charles X, dont les paroles et les actes respirent la loyauté la plus chevaleresque, ne repousserait point la qualification d'*homme franc ;* loin de s'en tenir offensé, nous croyons que le petit-fils de Henri IV serait fier de la porter; et si déjà l'amour de ses sujets n'avait attaché à son nom le titre si doux de *Bien-Aimé*, croyez-vous que celui de *Charles-le-Franc* ne lui fût pas glorieux aux regards de la postérité ?

J'aimerais bien mieux cette qualification que celle de Louis-le-Gros, de Charles-le-Chauve, et même de Philippe-le-Bel, ou le Victorieux; car on peut être fort bel homme, et un grand conquérant, sans faire le bonheur de ses sujets.

Que dans les palais de l'Orient un despote, entouré d'esclaves, s'offense d'avoir quelque chose de commun avec les êtres dégradés qui l'environnent; qu'il se figure appartenir à une race différente, et s'attribue quelque affinité avec les dieux, cela se conçoit. Mais dans nos états civilisés et chrétiens, si un prince oubliait qu'il a une origine pareille à la nôtre, et que le ciel ne l'a choisi pour lui accorder de plus grandes jouissances, que parce qu'il a de plus grands devoirs à remplir, la religion du haut de la chaire sacrée, le rappellerait à la condition de l'humanité que Dieu lui-même n'a pas craint de revêtir. Il se lèverait un nouveau Bossuet, qui d'une voix de tonnerre, à l'aspect d'un pompeux monument renfermant une royale poussière, lui dirait, au nom du Tout-Puissant, que les rois sont, comme leurs sujets, de chair et d'os, que Dieu ne prit point deux morceaux d'argile pour façonner les humains, et que sous la pourpre ou sous le chaume nous sommes tous esclaves de la douleur et de la mort.

Charles X, pénétré de l'étendue de tous ses devoirs de souverain, d'homme et de chrétien, n'aura jamais besoin de ces salutaires avertissemens.

Mais, certes, Messieurs, vous êtes maintenant
bien convaincus que nous ne l'avons point offensé en l'appelant un *homme franc.*

Examinons si, dans ce qui suit, il n'y aurait
point des idées ou des paroles blessantes pour
la personne de S. M. *Regardez-moi*, dit Charles X,
je règne pour vous. Arrêtons-nous un instant sur
ces mots. Pour moi, je l'avoue, j'ai beau creu-
ser le sens apparent ou mystérieux que ces expressions peuvent présenter, au lieu d'une injure, j'y vois un éloge, et il est d'autant plus pré-
cieux que l'auteur de l'article n'a pas coutume de les
prodiguer. Oui, Messieurs, j'ai beau tourner et re-
tourner cette demi-phrase dans tous les sens, je n'y
trouve pas la plus petite partie d'une offense, à moins
que l'on ne soutint qu'un roi doit régner pour lui
seul ou pour ses courtisans, et non pour le troupeau
dont il est le pasteur. Tous les discours et tous les
actes de notre nouveau Monarque donnent un démenti à cette doctrine, et annoncent qu'il veut régner pour nous tous, qu'il veut être le roi de tous les
Français, et non le chef d'un parti ou d'une opinion.

Ainsi, Messieurs, *je règne pour vous* n'est point
une idée séditieuse. Cela veut dire, tout simplement,
que nous avons un roi pour nous distribuer la justice, protéger nos personnes et nos propriétés, au
moyen d'agens responsables. Et cela est légal, constitutionnel et même très-monarchique, si, du moins,
je ne m'abuse pas sur la véritable acception de ce
dernier terme.

Voici une phrase que l'accusation a voulu transformer en offense contre la personne du Roi.

Le peuple étonné s'avance en hésitant. Qu'est-ce que l'on incrimine dans ce peu de mots? Ce ne peut être *le peuple étonné s'avance,* à moins qu'on ne nous fît un crime d'avoir parlé de son étonnement; mais le peuple a bien quelque lieu d'être surpris, car on ne lui a pas toujours parlé avec la même franchise; et de tous les gouvernemens qu'il a essayés depuis trente ans, il n'en est sans doute aucun qui se soit annoncé avec tant de loyauté. Mais vous avez dit que le peuple s'avançait en *hésitant.* Eh! Messieurs, cette hésitation est une conséquence naturelle de son étonnement; c'est une hésitation momentanée de laquelle il ne peut se défendre, à la suite de tant d'événemens qui ont passé sous ces yeux; mais, d'ailleurs, s'il *hésite,* ce n'est pas qu'il se méfie de la sincérité des paroles royales, c'est qu'il craint un instant que les intentions bienfaisantes et paternelles du Roi ne soient neutralisées par les intrigues des partis ou les trâmes des courtisans. S'il *hésite* un seul instant, Messieurs, c'est à cause de l'appareil militaire dont le trône est entouré; s'il *hésite,* enfin, c'est à cause des gendarmes qui ont le sabre nu; mais écoutez la fin de la phrase:

Les sabres sont dans les fourreaux, les hallebardes qui allaient le repousser rudement, sont suspendues par une voix auguste; il se livre à la joie.

Je pourrais me dispenser de rien ajouter; ces dernières paroles expliquent et justifient complètement cette hésita tion, dont on veut nous faire un crime. Eh! quoi, Messieurs, il serait injurieux pour la personne de sa Majesté, le passage qui rappelle l'un des mots les plus heureux qui soient sortis de la bouche royale, ce mot touchant qui peut-être lui a valu le surnom de Bien-aimé, ce mot que le Béarnais aurait envié à son petit-fils? *Mes amis, plus de hallebardes*, a dit le Roi; et aussitôt la foule, avide de contempler ses traits, s'est précipitée sur son passage, et lui a prodigué les marques du plus sincère comme du plus respectueux attachement. Et nous qui, des premiers, avons reproduit cette douce allocution, nous aurions eu l'intention d'offenser la personne de sa Majesté? nous qui avons ajouté, en parlant du peuple, après ces paroles que l'histoire a pris soin d'enrégistrer; *il se livre à la joie.*

Si le mot *en hésitant* présentait une légère inconvenance, elle serait plus qu'effacée par ce mouvement qui vient d'un cœur pénétré : *Il se livre à la joie.*

Pourquoi un instant d'hésitation n'eût-il pas été excusable et même assssez naturel ? le peuple ne connaissait pas le nouveau Monarque.

Non, Messieurs, non, vous n'*hésiterez* point à reconnaître dans ce paragraphe l'absence d'une offense envers sa Majesté, absence démontrée pour l'intention comme pour le fait. Ce passage au contraire respire l'amour du Souverain, et loin d'être à la charge de celui que je défends, il ne doit pas peu contribuer à lui concilier votre faveur.

Quelques lignes plus bas, l'auteur de la lettre incriminée reproduit un éloge du Roi, qui ne saurait être équivoque. Voici comme il s'énonce : Un Roi dont les premiers actes sont empreints *de franchise et de modération*.

Il est donc bien démontré que le passage incriminé ne renferme aucune offense ni apparente ni cachée envers le Monarque qui nous gouverne.

Que Dieu en soit loué! nous voilà soulagés d'un pénible fardeau, et vous devez être bien convaincus maintenant que loin d'avoir blasphémé le Roi ou la Majesté royale, nous n'avons parlé, au contraire, des personnages augustes placés au sommet de notre édifice constitutionnel, qu'en termes respectueux, et avec les éloges qu'ils méritent.

Le Roi que nous a donné la Providence, veut entendre le langage de la vérité. L'un des premiers actes de son règne a été de rendre la liberté aux écrivains bâillonnés par la censure. Charles X veut connaître les besoins et les plaintes de la nation; il veut raffermir et compléter les institutions fondées par son auguste prédécesseur. En rétablissant la liberté de la presse, il a fait un appel à tous les citoyens amis du trône et de leur pays, pour consulter et connaître les justes désirs des Français. Aussi remarquez que, depuis ce règne mémorable, aucun procès n'a été intenté aux organes de toutes les opinions

qui ont pu donner au Souverain des éloges librement
exprimés, en même temps qu'ils ont pu critiquer
l'administration dont ils blâmaient les actes. Aurait-
on voulu décerner le privilége de la persécution à
un journal de province, parce qu'il est plus éloigné
des rayons bienfaisans de la Majesté royale? ou bien,
redoutant la fermeté des tribunaux de la capitale,
déjà manifestée par plusieurs absolutions, se serait-
on persuadé que vous ne vous montreriez pas animés
des mêmes sentimens d'honneur et d'indépendance?
Votre orgueil se révolterait contre cette injurieuse
supposition, et j'ai la conviction intime que la sen-
tence que vous allez porter ne vous aura été inspirée
que par votre conscience.

Permettez-moi, Messieurs, de vous faire connaître, en peu de mots, la vie et le caractère de celui que je défends. Soldat volontaire à l'âge de seize
ans, il a fait partie de ces vieilles bandes qui ont
cueilli des lauriers sous le soleil de l'Italie, sur le sol
de l'Allemagne, et jusqu'aux pieds des Pyramides.
Après avoir servi son pays pendant vingt-cinq ans,
avec honneur, il s'est retiré sur la terre hospitalière
d'Auvergne, où, selon l'heureuse expression de Si-
doine-Apollinaire, les étrangers oublient si facile-
ment leur patrie. Parvenu au grade de capitaine, et
affecté d'une blessure grave, par une fatalité qu'il
serait injuste d'attribuer au gouvernement du Roi,
qui a si bien récompensé les anciens comme les nouveaux services, il n'a obtenu qu'une retraite de 450 f.

La modicité de ce traitement lui a imposé l'obliga-
tion d'un travail pénible, à cause de son âge et des
souffrances, suite inévitable des fatigues de la guerre
et de ses blessures.

Dans cette position, il vous est facile d'apprécier
le motif qui a pu le porter à accepter une responsabilité qu'il aurait refusée, si le journal dont il se
constituait l'éditeur avait déjà essuyé quelque poursuite, et si cette circonstance ne l'avait rassuré pour
l'avenir. Ce serait donc sur un brave militaire qui,
s'il était complice d'un prétendu délit, l'aurait été
à son insçu, que tomberait la rigueur de votre jugement! Vous condamneriez à une détention plus
ou moins longue un vieux défenseur de la patrie,
dont la conduite, toujours régulière, ne l'a jamais
fait condamner à huit jours de captivité, malgré la
sévérité de la discipline militaire!

Enfin, Messieurs, votre rigueur frapperait un
journal qui a défendu les doctrines de l'opposition,
il est vrai, mais qui a toujours respecté l'ordre établi, les autorités et même les opinions, lorsqu'elles
portent tous les caractères de la sincérité.

Non, Messieurs, non, vous ne voudrez point troubler le concert unanime de louanges que la France
entière adresse à notre nouveau Monarque, par un
jugement qui, seul dans toute l'étendue du royaume,
punirait ce qui partout ailleurs est toléré. Non, vous
ne voudrez point affliger, par une condamnation,
une population amie de l'ordre, dévouée au Roi, et

qui n'aspire qu'à jouir paisiblement de la fertilité de son sol et des institutions fécondantes de la monarchie constitutionnelle.

Cette monarchie ne redoute plus d'orages; affermie sur des bases inébranlables, elle n'attend plus que des jours prospères, qui doivent dissiper les craintes du magistrat, et lui permettent même l'indulgence sans péril pour le trône et la dynastie.

Le cratère des révolutions est éteint comme les volcans qui nous entourent, et désormais il est impossible de le rallumer.

C'est dans une foi pleine et entière dans la justice de ma cause et la sagesse de votre jugement, que j'attends, avec une respectueuse confiance, la décision qui doit renvoyer le prévenu dont j'ai plaidé la cause avec plus de zèle que de talent; et, absous de toutes les accusations qui pèsent sur lui, il pourra vous bénir librement, ainsi que le Monarque de qui toute justice émane.

Le ministère public ayant attaqué, dans la plaidoierie, des passages qui n'avaient point été incriminés
par lui et par la chambre du conseil, le défenseur n'a
pas cru devoir le suivre dans cette discussion étrangère
au procès. Au nombre des passages non incriminés, il
faut placer tout ce qui est relatif à l'armée et aux ministères précédens. Cette circonstance explique le silence de
l'avocat sur des points qui n'avaient point été signalés
dans le réquisitoire, et qui auraient dû l'être, pour
fournir matière à condamnation.

On a vu par ce qui précède que le ministère public a
fondé ses conclusions sur des passages non incriminés.
On verra par là lecture du jugement qui va suivre, que
les *Considérans* reposent, presque exclusivement, sur
des phrases qui non seulement n'avaient point été défé-
rées à la chambre du conseil, mais qui même n'avaient
point été attaquées à l'audience.

Toutes les citations tirées du jugement, qui sont en
caractère italique, n'avaient point été incriminées dans
le réquisitoire et la plaidoierie de M. le Procureur du Roi.

Voici la teneur des motifs du jugement.

Attendu ce qui résulte de l'instruction, notamment de
la lecture donnée en l'audience du jour d'hier, etc., lequel
article a pour titre : *Correspondance de l'Ami de la Charte,*
Paris, 15 octobre 1824, *commençant par ces mots : Vous
me demandez quelques aperçus sur la physionomie actuelle
de la capitale et sur l'état présent de la chose publique;* et
finissant par ceux-ci : A fêté la fédération, a dansé avec
les Tartares en 1814, et se couvre d'un crêpe en 1824.

Le Tribunal déclare que l'auteur dudit article s'est rendu
coupable de plusieurs des délits prévus par les lois relatives
à la répression des abus commis par la voie de la presse.

Premièrement, l'auteur s'étant proposé, comme il l'annonce dès les premières lignes de l'article incriminé, de donner quelques aperçus, etc., et disant, quelques lignes plus bas, et après avoir manifesté le plus grand mépris pour le système de gouvernement suivi jusqu'à ce jour, que, considérant l'état moral des choses d'aujourd'hui, *l'espérance peut à peine se soutenir, l'aspect du mal affaisse l'âme.* Il semble qu'un génie surnaturel pourrait seul ordonner ce cahos, mettre fin à ce pillage, etc., etc.; et encore quelques lignes plus bas : *Si les hommes du pouvoir, si les institutions viciées par eux conspirent sans cesse contre l'indépendance du peuple ; si le peuple n'a pas assez de dignité et de force pour user des moyens légaux qui peuvent améliorer sa position, que doivent faire les amis de la liberté?* etc.

Secondement, du délit caractérisé en l'art. 10 de la même loi, l'auteur s'étant permis, presque à chaque ligne de l'article incriminé, d'employer les expressions les plus outrageantes en parlant des agens du gouvernement, des hommes du pouvoir, du clergé, et des autres classes de personnes que l'auteur s'est permis de désigner audit article, sous prétexte de chercher s'il existe, au moins, quelques genres d'amélioration, etc.

Attendu, relativement au surplus des conclusions prises par M. le Procureur du Roi, que les délits prévus par les articles 2 et 6 de la même loi, ne sont pas suffisamment établis, d'après le contexte de l'article incriminé :

Le tribunal faisant droit, etc., condamne l'éditeur responsable dudit Journal, à deux mois d'emprisonnement, à 2,000 francs d'amende et aux frais du procès, par application des articles 2 et 6 de la loi du 25 mars 1822, et 1er de la loi du 17 mai 1819.

www.ingramcontent.com/pod-product-compliance
Lightning Source LLC
Chambersburg PA
CBHW071458200326
41519CB00019B/5779